U0506860

写给孩子的成都掌故

陈凯◎著

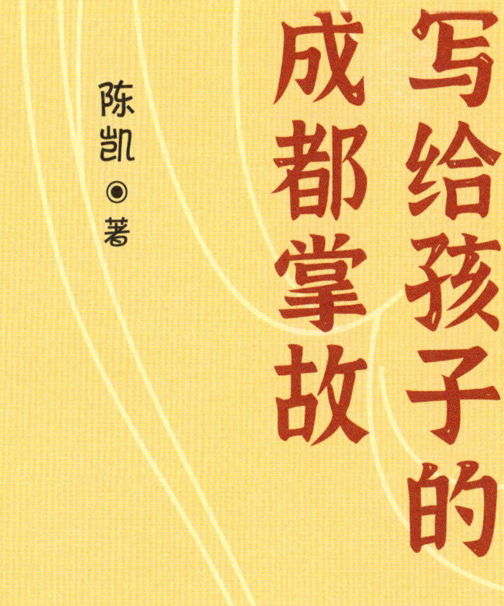

四川人民出版社

图书在版编目（CIP数据）

写给孩子的成都掌故 / 陈凯著. -- 成都：四川人民出版社, 2024. 7. -- ISBN 978-7-220-13696-2

Ⅰ. K297.11-49

中国国家版本馆CIP数据核字第202416KT23号

XIE GEI HAIZI DE CHENGDU ZHANGGU

写给孩子的成都掌故

陈凯　著

出 版 人	黄立新
策　　划	舒　婧
责任编辑	朱雯馨　李昊原
装帧设计	李其飞
特约校对	陈　静　刘　静
责任印制	周　奇
出版发行	四川人民出版社（成都市三色路 238 号）
网　　址	http://www.scpph.com
E-mail	scrmcbs@sina.com
新浪微博	@四川人民出版社
微信公众号	四川人民出版社
发行部业务电话	（028）86361653　86361656
防盗版举报电话	（028）86361653
照　　排	四川胜翔数码印务设计有限公司
印　　刷	成都兴怡包装装潢有限公司
成品尺寸	145mm × 210mm
印　　张	6
字　　数	102 千
版　　次	2024 年 7 月第 1 版
印　　次	2024 年 7 月第 1 次印刷
书　　号	ISBN 978-7-220-13696-2
定　　价	49.80 元

目
录

045 第二部分　名人逸事

093 第三部分　街巷探秘

陈老师

乐小诗同学，你在《学古诗游中国》里的表现真不错，所以我要奖励你！

真的吗？奖励我什么呢？

乐小诗

陈老师

奖励你……继续学习。

嘿，我还以为奖励的是棒棒糖呢。不过这个奖励也很棒，因为我可是爱学习又爱写诗的乐小诗呀！

乐小诗

陈老师

想做一个真正的成都娃，就要好好读读这本《写给孩子的成都掌故》。我们一起来了解成都，用行走，学知识；用童心，爱家乡。

好啊，好啊。我们开始吧。

乐小诗

陈老师

别急，要想成为一个地道的成都娃，我们一共要完成四道学习关卡：三国风云、名人逸事、街巷探秘和古迹览胜。你想先从哪个开始？

这还用说，肯定从我最感兴趣的三国历史开始呀！

乐小诗

陈老师

好，那我们就出发吧。

第一部分 三国风云

导语

在成都悠久的历史进程中，三国时期尤其引人注目。众多精彩的三国故事、传奇的三国人物、独特的三国文化早已融入成都的市井生活，并在成都的现代发展中持续散发着魅力。让我们用求知和热情，学好三国故事，树立成长榜样，点亮我们身边的三国地图吧！

三国风云第一站：武担山

陈老师

今天我们要去一个在三国历史上有重大意义的地方，瞧，它就在前方了。

哪儿呢？前面只有一个挺普通的土丘嘛。

乐小诗

陈老师

土丘不可貌相，它呀，可是见证了刘备登基做皇帝的地方。

啊，这么厉害！

乐小诗

陈老师

没想到吧，来，让我给你讲讲这武担山的前世今生。

【陈老师讲成都】—— 武担山

说起成都的三国遗址，我们首先就要提到这座看上去并不起眼的小土丘。

在成都市中区江汉路西部战区大院内，有一座大致高20米、宽40米、长100米的小土丘，它就是著名的三国遗址——武担山。你别看它“其貌不扬”，却有着悠久的历史和丰富的文化内涵。

武担山的名字来源于一个古老的传说。据《华阳国志》记载，古蜀国的君王因为思念已故的爱妃，派五名大力士（五丁）去爱妃的故乡武都担土到成都，为她修建一座规模宏大的坟墓。后来的人就把这座坟墓称为“武担山”。这一典故也常出现在历代文人墨客的诗文中，使得武担山成为成都平原上的一座“名山”。

然而真正让武担山名垂青史的却是蜀汉先主刘备在这里干的一件大事。

刘备夺取西川后，在诸葛亮、法正等贤臣辅佐下，军事与政治实力显著增强。公元219年，在汉中之战中，刘备击败了曹操，占领了战略要地汉中，进一步巩固了其在西南地区的统治地位。同年，刘备进位为“汉中王”。

不久后，北方传来了曹丕篡位的消息，对刘备而言，这既是刺激，也是契机。他以汉室正统自居，痛斥曹魏篡逆，同时在群臣的劝进声中，萌生了正式称帝以延续汉朝正统的念头。刘备的部下，尤其是诸葛亮等核心谋士，认为此时正是刘备登基的适当时机，既能提振士气，也能对外宣示蜀汉政权的合法性，与曹魏抗衡。

建安二十六年四月丙午（公元221年5月15日），刘备在成都武担山举行了隆重的登基大典，宣布自己为皇帝，继承刘邦、刘秀的基业，年号“章武”。

因此，武担山不仅是古蜀国文化的象征，也是刘备建立蜀汉政权的重要历史见证。它承载着丰富的历史和文化内涵，成为成都历史上的重要地标之一。

四川省成都市府南河五丁桥　　陈先敏 摄

【游后小记】

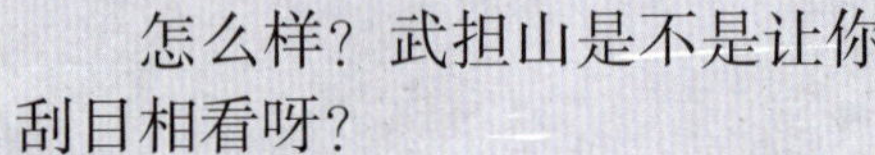

怎么样？武担山是不是让你刮目相看呀？

陈老师

我想起一句著名的话：山不在高，有仙则名。刘备虽然不是仙，但也成就了武担山。

乐小诗

说得有理！

陈老师

三国风云第二站：子龙塘

陈老师

乐小诗，你最佩服的三国名将是谁呀？

那当然是我的偶像——在长坂坡七进七出，浑身是胆，身着白袍白盔，骑白龙马的常胜将军赵云啦！

乐小诗

陈老师

一说到赵云，你就这么激动呀！那我今天就带你去看看成都市区最著名的赵云纪念地——和平街小学。

啊，和平街……小学，难道这是赵云的母校？

乐小诗

陈老师

哈哈哈，你可真搞笑。这里以前叫"顺平侯洗马池"，也叫子龙塘。来吧，认真听听关于它的历史和传说吧。

【陈老师讲成都】—— 子龙塘

在红星路二段西侧，穿过燕鲁公所街，你就会来到和平街。和平街这个名字看似和三国文化毫无关联，因为这个名字是1954年才出现的，它的前身叫子龙塘街。子龙塘也叫“顺平侯洗马池”，它的主人是三国时期的蜀汉名将赵云。赵云字子龙，以英勇善战、忠诚可靠著称，死后被追封为顺平侯。

根据民间传说和相关历史记载，顺平侯洗马池就位于今天的和平街小学内。现如今学校的操场在清朝时原本是一个占地二十余亩、水深数米的池塘，清波粼粼，荷花飘香。池旁青石砌的塘坎上有古碑上书“汉赵顺平侯洗马池”八字，字体遒劲，雄浑古朴。

相传赵云来到成都后，府邸就建在这水池旁边。他对那匹跟随自己出生入死的白龙驹爱护备至，常常在操练之余，来到池塘边为马洗涤梳毛。由于赵云军功显赫，忠勇可嘉，人们对他敬爱无比，把这位白袍将军和他的白龙驹誉为创造奇迹的象征，甚至后来还衍生出了一个神乎其神的传奇故事。

公元13世纪，蒙古族势力崛起。1234年，蒙古灭金，趁机挥师南下。其中西路军破仙人关，一路势如破竹，最终攻破成都。蒙古军一进成都就开始抢夺财物，掳掠人口，骚扰乡境，令成都百姓苦不堪言。这一切，自然引起人民的极大反抗。最开始，不少不甘做奴隶的人们自发地趁夜袭击巡夜马队，在贡纳草料时掺入铁针加害马匹，但这些只会引来蒙古军更残暴的迫害。

终于有一天，天降浓雾，人们突然见到一匹白马，引颈长嘶，足下生风，从子龙塘处奔出。马上骑着一位身着白盔、白袍的将军，他振臂大呼：“兴兵抗虏，保我江山。”这匹白马纵横驰骋，马蹄过处，毫无防备的蒙古士兵纷纷倒地。马上那位将军像极了在长坂坡七进七出、英勇无敌的子龙将军。

全城百姓听闻子龙将军显圣杀虏，纷纷揭竿而起，人人奋勇向前，把城内的蒙古马队杀得七零八落，连统帅二太子阔端也险些送了性命。蒙古军连忙收拾败兵，狼狈地逃出成都。

这件事情之后，成都人在洗马池盖亭建阁，塑了一尊身着白袍白盔、骑着白马的赵云塑像，供奉香火。

九年后，也就是宋理宗淳祐三年（1243），南宋名将余玠出任四川制置使，白马显圣之事才渐渐传出缘由。原来那年赶走蒙古兵的白袍将军，正是余玠所扮。他原本是白鹿洞的一位书生，后来加入南宋抗蒙名将赵葵的军队，屡立战功。蒙古兵攻入成都时，余玠见百姓同心，便想出一个绝妙的主意，装作白袍将军赵云的模样，从洗马池杀出，果然引起全城响应，最终打败入侵者，保全了成都。

虽然在这个传说故事中是余玠假扮了赵云，但人们更愿意相信那是赵云将军在显圣。甚至有人还找到了证据：瞧，洗马池的水都变得浑浊了，难道不正是子龙将军杀敌后去洗马了吗？

【游后小记】

陈老师

乐小诗，在这子龙将军的洗马池旁，说说你的感想吧。

乐小诗

不愧是我的偶像子龙将军！我想借用辛弃疾的一句词赞美他——了却君王天下事，赢得生前身后名。

三国风云第三站：玉泉街

清明时节雨纷纷，路上行人欲断魂……

乐小诗

暂停，诗背得不错！我来考考你，清明节除了祭祀祖先，还可以祭祀谁？

陈老师

这个……我真不知道。

乐小诗

其实清明节不仅是我们祭祀祖先的日子，也是祭扫英雄、烈士的重要时节。今天正好是清明节，走，我带你去一个地方，纪念一位藏在老街里的三国英雄。

陈老师

【陈老师讲成都】—— 玉泉街

提到成都的玉泉街，你肯定很难猜到它与哪位蜀汉名人有关。答案揭晓，就是大名鼎鼎的关二爷——关羽。

纪念关羽的地方为什么会叫“玉泉街”呢？这就

要从一个和关羽有关的神话故事说起了。

《三国演义》中记载，关羽死后，其魂魄不散，飘荡到了湖北的玉泉山。关羽生前为人忠义，深受当地百姓的敬仰，死后又在玉泉山显圣，守护百姓。于是，当地百姓便在玉泉山上建了一座庙来供奉关羽，一年四季，香火不断。慢慢地，玉泉山成为后人纪念关羽的圣地，“玉泉”二字也因此与关羽紧密相连。

后来，关羽在玉泉山显圣的故事传到了成都。明嘉靖十七年（1538），成都人就在现在的玉泉街67号处，修建了一座关帝庙来祭祀关羽。这条街因此得名“老关庙街”。随着时间流逝，清光绪年间，东段的女儿碑街与西段的老关庙街进行了合并，新的街名应该叫什么呢？人们想起了关羽玉泉山显圣的故事。“玉泉”既能融合女儿碑街的历史痕迹，又能彰显对关羽的景仰，且老关庙内有一口古井亦名“玉泉”，所以就用“玉泉”这一标志性的元素来命名新的街道。

民国十八年（1929），川军旅长蔡海珊以慈善为名将庙拆除办学。尽管如此，街名一直保留了下来，直至今天，我们仍称这条街为玉泉街。

所以，玉泉街的得名不仅是对关羽的纪念，也承载了成都人对这位历史人物的深厚情感和无尽崇敬。

在玉泉街东北边不远的地方，还有一条小关庙街。这位小关又是谁呢？他就是跟随关羽英勇就义的关平将军。虽然按照《三国演义》的说法，关平只是关羽的义子，但他这种忠君爱国、不畏牺牲的精神完全像是关羽将军的血脉传人。所以成都人民也为这位关平将军修建小关庙，让他能与关羽相伴，一起受到后人的敬仰。

武侯祠内的关羽塑像 袁博 摄

【游后小记】

陈老师

来吧，乐小诗，为关羽将军背完这首清明诗吧。

不，我要自己写首改编的诗送给他：清明时节雨纷纷，路上行人欲断魂。借问此是谁家庙，众人皆指关圣人。

乐小诗

三国风云第四站：万里桥

陈老师

乐小诗，快来古诗接龙——窗含西岭千秋雪……

乐小诗

门泊东吴万里船。

陈老师

你有没有想过，为什么“诗圣”杜甫要把从东吴来的船称为“万里船”呢？

乐小诗

这个还真没研究过。

陈老师

今天带你去著名的三国遗址纪念地——万里桥，寻找这个问题的答案。

【陈老师讲成都】——万里桥

据《华阳国志·蜀志》记载，战国时期李冰治水时为成都开凿了二江，并在江上建了七座桥梁，对应天上北斗七星的方位，故名“七星桥”。万里桥便是其中之一。它原名“长星桥”，算得上是中国古老的桥梁之一。1988年在对它进行最后一次维修时，人们在桥下发现了秦汉时期的砖砌文物，这证实了万里桥悠久的历史。

万里桥的得名源于一次重要的外交活动。三国时期，蜀汉与东吴之间虽为盟友，但关系时常微妙。蜀汉丞相诸葛亮为了巩固两国联盟，派遣使者费祎出使东吴。在费祎启程之前，诸葛亮在成都城南的一座桥上设宴为他送行。

宴会上，费祎感慨万分，面对即将开始的长途跋涉，他深情地说道：“万里之行，始于此桥。”这句话既表达了对即将远行的壮志豪情，也揭示了此次出使对于蜀汉与东吴关系的重要性。诸葛亮听闻此言也感慨不已。后人就把这座桥命名为“万里桥”。

此后，万里桥不仅成为成都城南的重要交通枢纽，更因其与诸葛亮和费祎的关联，成为一处富含历史人文气息的地标。它象征着蜀汉对外交往的开放姿态，以及对维护国家利益和同盟关系的重视。同时，万里桥也是文人墨客常常凭吊的历史遗迹，诸多诗文歌咏其上，赋予其浓郁的文化内涵。

中唐时期著名的诗人张籍来到成都，短短的一段行程，给他留下了一生难以忘怀的印象。他满怀深情地为成都写下了经典的诗篇：

成都曲

锦江近西烟水绿，新雨山头荔枝熟。
万里桥边多酒家，游人爱向谁家宿？

瞧，张籍笔下的万里桥边多热闹！可能有小朋友要问：为什么会是桥边最热闹呢？其实，这与四川的地势有关。李白说“蜀道难，难于上青天”，千百年来，人们进入成都，大多只能选择走水路。而万里桥正好是唐朝时成都最重要的水陆码头和交通要口，天南海北的人都聚集在这里，所以热闹无比。

“诗圣”杜甫在成都创作的诗歌中也多次提到了“万里桥”，比如《野望》诗中写道：“西山白雪三城戍，南浦清江万里桥。”再比如《狂夫》一诗中说“万里桥西一草堂，百花潭水即沧浪”，更是用“万里桥”来定位自己的草堂。唐代著名女诗人薛涛来成都后，也曾在万里桥边居住了一段时光，写下了“万里桥头独越吟，知凭文字写愁心”的诗句。

成都老南门跨线桥　严永聪 摄

1995年为了交通建设的需要，古老的万里桥被拆除了。原址上新建了一座钢筋混泥土的大桥。为了让人们还能瞻仰古老的万里桥的身姿，成都市政部门在百花潭附近的南河上新修了一座望仙桥。桥身设计就是仿照万里桥的样子修建的，被称为“新万里桥”。

【游后小记】

乐小诗，听完万里桥的故事，你有什么感受？

陈老师

我在想，幸好我不是张籍。

乐小诗

什么意思？

陈老师

因为我有选择困难症，万里桥边多酒家，我会选到崩溃的……

乐小诗

三国风云第五站：九里堤

陈老师

成都是一个好地方，沃野千里，物产丰富。不过在比较久远的古代，一直有一个严重的灾患困扰着成都，你知道是什么吗？

乐小诗

我猜是水灾。

陈老师

聪明，你怎么想到的？

乐小诗

因为咱们四川出了好多治水英雄：大禹、鳖灵、李冰父子，说明我们这儿水灾应该比较严重吧。

陈老师

嗯，你的逻辑还挺严密。今天我们就去看一看传说中诸葛亮为成都主持修建的水利工程，它叫九里堤。这条古堤到底是不是诸葛亮所建，咱们去一探究竟。

【陈老师讲成都】—— 九里堤

九里堤遗址位于成都市区的西北部，属于金牛区，是成都市文物保护单位。

九里堤这个名字最早出现在明朝天启年间的《成都府志》。其名称来源，根据清同治刊本《重修成都县志》记载："今考其地，上泥堰、朱牟堰、石堤堰三大堰毕汇于此，水势迅急，故古人筑堤以防冲决，起海边堰（今金牛区九里堤踏水桥下流），迄天星桥上流，凡九里，故名。"根据这段记载来看，"九里"这个说法，倒是实实在在的距离。

而九里堤的创建年代，明代以后史料如明正德《四川志》、天启《成都府志》，清康熙《成都府志·山川》、雍正《四川通志·津梁》中都说是诸葛亮修建的，并且把它称为诸葛堤。

其实，这并不是事实。根据明代以前的大量历史文献记载，这段堤坝原名縻枣堰，实际上是唐乾符三年（876）由成都尹、剑南西川节度史高骈所筑，以配合郫江改道的需要。唐人王徽的《创筑罗城记》一文，对这件事情有详尽描述，是最早、最可靠的证明。

为什么唐朝修建的"九里堤"会变成三国时期修建的"诸葛堤"呢？这就不得不说到成都人民对诸葛亮的偏爱了。过去有一种说法，叫"蜀人每事好归诸葛亮"。四川人民总喜欢把好的事情归到诸葛亮身上，仿佛这位诸葛丞相真的是无所不能，无处不在！

同样的尴尬在九里堤上还有一处，那就是建造在堤坝上的那座古祠。原本是纪念重修糜枣堰的成都知府刘熙古的刘公祠，明清时期也变成了诸葛庙，甚至连周边的区域也被命名为诸葛村。这真是让刘熙古长叹，诸葛亮汗颜呀！

九里堤上诸葛庙　　赵征宇 摄

【游后小记】

陈老师

面对这九里堤的背后故事，你有什么感想呢？

乐小诗

我的感想就是：孔明魅力大，蜀人尽崇拜。张冠而李戴，绝对是真爱！

三国风云第六站：点将台街

都说诸葛亮打仗厉害，真想去看看他打过仗的地方。

乐小诗

我们这儿离三国古战场比较远，想看并不容易。不过在成都市区里就有一处与诸葛亮排兵布阵有关的三国古迹遗存，想不想去看看呀？

陈老师

好啊，好啊，在哪里呢？

乐小诗

那就要去成都市中区的东南部，属于锦江区的点将台街。走，出发！

陈老师

【陈老师讲成都】—— 点将台街

小朋友们，你们是不是对诸葛亮都有这样的印象：神机妙算，运筹帷幄，总能轻松自如地就把强敌击溃。尤其是在每场战役的布局阶段，你会对诸葛亮的排兵布阵佩服不已。比如说诸葛亮出山的第一场战役——火烧博望坡，《三国演义》中就有精彩的描写：

孔明令曰："博望之左有山，名曰豫山；右有林，名曰安林：可以埋伏军马。云长可引一千军往豫山埋伏，等彼军至，放过休敌。其辎重粮草必在后面，但看南面火起，可纵兵出击，就焚其粮草。翼德可引一千军去安林背后山谷中埋伏，只看南面火起，便可出，向博望城旧屯粮草处纵火烧之。关平、刘封可引五百军，预备引火之物，于博望坡后两边等候，至初更兵到，便可放火矣。"又命："于樊城取回赵云，令为前部，不要赢，只要输。主公自引一军为后援。各须依计而行，勿使有失。"

你看，诸葛亮简直就是活地图，整个地区的山川河岳都装在他的脑中。这样的指挥艺术当然魅力无穷。想象一下，如果这样精彩又刺激的点将情节发生在成都会多么有趣。那就必须说到我们这一趟的目的地——点将台街。

点将台街南起较场坝中街，北止东风路，长198米，宽7米，是一条非常普通的小路。可是相传在街内曾经有一个高3米，宽5米，长约数丈的土台。据说这是诸葛亮点将、阅兵之处。诸葛亮入蜀一共14

年，前十年治理蜀汉，后四年引军北伐。可以想见，如果这里真的是诸葛亮点将阅兵的地方，那将记录了多少精彩的瞬间。

可惜的是，由于时间久远、史料缺乏，无法确认土台的真实性。不过当地百姓依然愿意相信这里就是见证诸葛智慧、蜀汉军威的点将阅兵之处。今天在点将台横街的墙面上，还绘制着许多蜀汉名将的风采，照应着这个久远的神奇传说。

【游后小记】

陈老师

乐小诗听令！

乐小诗

末将在！

陈老师

命你带领五百汉字，记录此地风采。

乐小诗

啊，你这哪里是点兵呀，明明就是写作文，我太难了！

三国风云第七站：八阵图遗址

陈老师

杜甫为诸葛亮写过一首特别经典的诗歌，叫《八阵图》，你会背诵吗？

乐小诗

会，我学过。“功盖三分国，名成八阵图。江流石不转，遗恨失吞吴。”

陈老师

得能莫忘，值得表扬。不过杜甫这首诗中描写的是位于水中的“水八阵”，你想不想去看看位于陆地上的“旱八阵”呀？

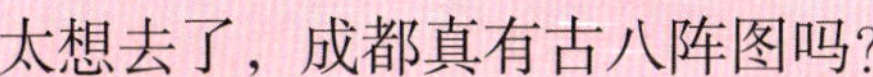

乐小诗

太想去了，成都真有古八阵图吗？

陈老师

有，不过稍微有点远，它在成都市青白江区的弥牟镇。走，我们出发吧。

【陈老师讲成都】——八阵图遗址

说旱八阵之前，我们不妨先聊一聊水八阵。

公元765年，杜甫离开成都去夔州，在途经鱼腹浦时写下了著名的《八阵图》。相传这水八阵是诸葛亮从荆州入蜀时，命士兵聚细石成堆，高五尺，围六十，纵横有序，星罗棋布，排列成六十四堆，按天、地、风、云、龙、虎、鸟、蛇八种阵势组成供军事操练和作战的阵图。后来刘备兵败白帝城时，东吴大将陆逊追到八阵图处，被变幻莫测、隐有千军万马的石头阵吓退。不过这水八阵的记载过于离奇，过度神化，反而可信度并不高。

和水八阵相比，位于成都青白江弥牟镇上的旱八阵，相关史料记载就扎实详尽得多。《三国志·蜀志》记载："亮推演兵法，作八阵图，咸得其要。"《益州记》说："有武侯八阵图，土城四门，中起六十四魁，八八为行，魁方一丈，高三尺。"《纬略》一书中还明确记载了八阵的范围："八阵图在新都者，峙土为魁，植以江石，四门二首，六十四魁，八八成行，两阵并峙，周凡四百七十二步，魁百有三十也。"（弥牟镇原属新都，后来因为工业发展才划归青白江。）

为什么说旱八阵遗址的可信度很高呢？因为除了史书的记载外，它所处的位置和地势也很有说服力。弥牟镇地势平坦，又是由成都进入陕西的咽喉要地，历史上就曾有军队驻守，把这里作为训练士兵、操练战法的营地。可见旱八阵是诸葛亮依据古代兵法，加上自身作战经验，为训练部队而修筑，有相当高的可信度。清朝诗人李调元曾写诗记录人们谈论八阵图的场景，表达了对诸葛亮的崇敬之情："有客骑马来新都，逢人指点说弥牟。森然魄动下马拜，武侯八阵遗荒墟。"1981年，八阵图遗址被成都市人民政府公布为市级文物保护单位。

令人遗憾的是，在历史的进程中，八阵图遗址遭到了极大的破坏。如今精致石栏围起的数百平方米空地中，仅存的6个土垒整齐地排列在不到100平方米的范围之内。每个土垒高不到两米，大小相近，高矮相当，成圆锥状。其中的三个土垒基座完好，另外三个则已被破坏成半垒状，仿佛在诉说曾经的辉煌和破碎的悲伤。

小朋友们，如果想见证诸葛亮八阵图的精妙绝伦，那就赶紧安排一趟弥牟镇之旅吧。顺便说一说，那里的牛肉也远近闻名哟！

青白江旱八阵　文雅 摄

【游后小记】

哇，不虚此行！参观八阵图，孔明智慧不得不服；品尝好牛肉，弥牟美味好吃管够！

乐小诗

嘿，就知道你会提到吃，你这个小吃货！

陈老师

三国风云第八站：衣冠庙

陈老师

乐小诗，《三国演义》中刻画了很多有血有肉的人物形象，你猜，谁对后世影响最大？

乐小诗

是诸葛亮。

陈老师

不对，我提醒你，他是一名武将，死后还被封了神。

乐小诗

我知道了，是关羽关圣帝君，他还是财神爷呢。

陈老师

哈，你还知道关羽是财神这个知识，很厉害嘛。今天我们要去城南的衣冠庙，见证刘备和关羽的兄弟情义。

乐小诗

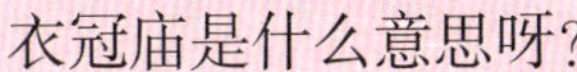

衣冠庙是什么意思呀？

陈老师

去了你就知道啦。走，出发！

【陈老师讲成都】—— 衣冠庙

关羽应该是小朋友们都非常熟悉的一位三国名将。《三国演义》中对关羽有浓墨重彩的描写。关羽字云长，山西运城人，是三国时期蜀汉“五虎上将”之首。他的一生传奇而跌宕，温酒斩华雄，斩颜良诛文丑，过五关斩六将，水淹七军，军功显赫，堪称是三国武力的担当。而且关羽更加为世人称颂的是他的忠肝义胆，气节无双，无论是千里走单骑，还是败走麦城慷慨就义，都是令人敬佩的壮举。

这座祭祀关羽的衣冠庙是怎么来的呢？根据《三国演义》的故事描述，关羽败走麦城，被孙权所杀。孙权为了转嫁仇恨，就把关羽的首级献给了曹操。曹操识破了孙权的诡计，用王侯的礼仪把关羽的人头葬在洛阳的南门外，清朝时这一地方被命名为关林。而关羽遇害的地方湖北当阳据说也有东吴修建的埋葬关羽躯体的坟墓，称为当阳关陵。

作为兄长的刘备没能取回关羽的尸首，他无比思念自己的二弟，于是就命人修建了一座祭祀关羽的庙宇，把关羽生前穿过的衣服和帽子供奉在里面，这就是衣冠庙的来历。衣冠庙建成后，刘备常常来这里祭祀关羽，衣冠庙也成为见证他们兄弟情义的名胜古迹。

而在衣冠庙的旁边还有一座奇怪的桥，名叫洗面桥。洗面就是洗脸的意思，是谁在这里洗脸呢？相传那时每逢年节刘备就会前去祭拜关羽，在到达衣冠庙之前，他都会在衣冠庙前的小河边下马，洗去脸上的风尘，以示郑重其事。后来这座桥就被人称为洗面桥。

今天，衣冠庙早已不复存在了，但它的故事与影响还深深地扎根在成都的土地上。当地政府在衣冠庙的原址不远处修建了洗面桥文化广场，用一座座雕塑和一幅幅画卷为游客讲述着这段发生在三国时期的悠久往事和动人心弦的兄弟情谊。

洗面桥文化广场　　桑言 摄

【游后小记】

我真想和刘备、关羽一起去洗面桥文化广场。

乐小诗

是想让他们给你做文化向导吗？

陈老师

不，去结拜。这样我就能真实地感受到刘备和关羽的兄弟情义了。

乐小诗

那你可就危险了。

陈老师

为什么？

乐小诗

因为你得问张飞同不同意！

陈老师

三国风云第九站：桓侯巷

乐小诗，三国名将中你最怕谁?

陈老师

我最怕张飞。

乐小诗

为什么呢?

陈老师

因为他的嗓门太大了，长坂坡前直接吓死了曹操的将领夏侯杰。

乐小诗

那我们今天就去拜访一下这位大嗓门将军，看看他在成都又有怎样的传说与故事。走，去桓侯巷看三将军!

陈老师

【陈老师讲成都】——桓侯巷

我们先来说一说张飞。张飞，字翼德，是蜀汉“五虎上将”之一，以勇猛果敢、忠义无双著称。他在刘备建立蜀汉的过程中立下了赫赫战功，而且他其实很有魅力。你说他鲁莽吧，又能时不时妙计横出，长坂坡一招“树上开花”的妙计，让曹操惊惧不已。取西川时一出“真假张飞”的好戏，又骗得严颜自投罗网。民间还流传下来很多张飞绣花、张飞写字、张飞牛肉的传说故事，可见张飞将军深受百姓的喜爱和敬仰。

然而，张飞的结局却是悲剧的。章武元年（221），刘备称帝后，为报关羽被杀之仇，决定伐吴。张飞积极备战，但在出征前夕，因鞭挞部将范强、张达，导致二人怀恨在心，二人趁夜将其刺杀。张飞的突然离世，对蜀汉造成了巨大打击，也让成都百姓深感惋惜。

据传张飞死后，由于其遗体未能运回成都，成都百姓为了纪念这位英勇的将军，便在城内修建了祭祀张飞的桓侯庙和衣冠冢。后来庙前这条小巷被称为“桓侯巷”。“桓侯”是张飞的谥号，意为“威武刚毅”，表达了人们对张飞勇武精神的敬仰。桓侯巷成为后人缅怀张飞、寄托哀思的重要场所。

自桓侯巷形成以来，每年都会举行祭祀张飞的活动，尤其是在张飞的诞辰、忌日等重要时刻，成都百姓以及蜀汉官员都会前来祭拜。有趣的是，随着《三国演义》的影响力越来越大，张飞渐渐取代了汉代名将樊哙，成了屠宰行业的行业神。到了清代，成都屠宰行业集资为张飞重修了已然破败的桓侯庙，并亲切地称之为张爷庙。

桓侯庙后来被改建为桓侯巷小学，时至今日，庙与学校都已经不复存在。虽然桓侯庙消失在了历史的进程中，但属于张飞的传说却并没有终结，其中最曲折离奇的莫过于“张飞疑冢”事件。

桓侯庙后面有一圆形土坟丘（位置在今四川大学华西医院内），直径约30米，高约10米，自明代开始被误传是张飞的衣冠冢。《大明一统志》卷六十七《成都府》记载：“张飞墓在万里桥南，飞为帐下张达所杀，持其首奔吴。此特葬其驱耳。”《大清一统志》卷二百九十三《成都府二》也沿袭此说法：“张飞墓，在华阳县万里桥南。”甚至墓旁还立有“汉张夫子衣冠墓”的石碑一块。

就在大家都以为张飞庙与张飞衣冠冢的考证已经尘埃落定时，考古工作者却给大家带来了意想不到的结果。经过发掘，墓内出土的文物中有成汉时期的“玉恒”“汉兴”等不同年代的纪年砖和其他文物，可以断定为成汉时期的古墓。时间上比张飞去世时晚了一百多年，这座古墓终究与张飞无关。

今天如果漫步在狭窄而略显拥挤的桓侯巷里时，几乎已经看不到什么与张飞相关的痕迹，但当你看到不时出现的病人与家属满怀期待地经过桓侯巷踏入华西医院的侧门时，仿佛间觉得那位保家卫国、守护百姓的张飞将军又以另一种形式与这座城市融为一体。他似乎从来没有离开过。

张飞庙内的张飞文身像　王玉贵　摄

【游后小记】

陈老师

现在你还怕张飞吗？

不怕了，我想和张飞做邻居。

乐小诗

陈老师

为什么呢？

因为和他做邻居，特别有安全感，而且很温暖。

乐小诗

三国风云第十站：黄忠墓

陈老师

乐小诗，我来考考你是不是真正的三国迷。

乐小诗

好呀，您问。

陈老师

人们常说的“蜀汉五虎将”是哪五位将军？

乐小诗

听好了，他们分别是：关羽、张飞、赵云、马超和黄忠。

陈老师

回答得不错。我再问你，这五个人中谁的入选最让你佩服？

乐小诗

我觉得是黄忠，因为他辅佐刘备时已经六十多岁了，这么大的年纪还能封侯拜将，真的很厉害。

陈老师

说得好，今天我们就去看看属于黄忠老将军的纪念地。走，出发！

【陈老师讲成都】—— 黄忠墓

读过《三国志》和《三国演义》的小朋友对黄忠应该不陌生。他原本为刘表的部将，后来归顺了刘备。夺取益州（四川）时，黄忠屡立战功，被封为“讨虏将军”。公元219年，在与曹操争夺汉中的战役里，黄忠在定军山力斩曹操大将夏侯渊，立下大功，迁征西将军。同年，刘备进位汉中王，封黄忠为“关内侯”，位列五虎上将。公元220年，黄忠病逝，谥号“刚侯”。

定军山　罗晓鸣 摄

然而在黄忠身上一直有一个未解之谜：成都有刘备墓和祠庙，关羽、张飞的墓和衣冠祠，赵云墓在大邑，马超在新都也有墓和祠庙，唯独没有发现黄忠的纪念地。难道黄老将军受到了不公正的待遇？

五虎上将雕像　　罗伟　摄

直到清道光五年（1825），这桩谜案才有了答案。当时被授为湖北天门县令的刘沅，在成都西郊买了许多亩上好田产。佃户在耕地时，挖出一块“黄刚侯讳汉升之墓”的墓碑和人骨架、剑、玉等物。刘沅是国学大师，有“川西夫子”的盛誉，文史学养非常深厚。他判断虽然《三国志》中没有明确记载黄忠埋葬于何处，但依封建礼制，忠戚勋臣、封疆大吏即便出守边陲，一旦病逝，也会扶柩回朝安葬，或在原郡建立生祠衣冠冢，所以很有可能黄忠逝世后，遗骸运回了成都并葬于西郊。

现在既然发现了墓碑，就理应修复。于是刘沅出面，号召当地官府乡绅捐银募款，在原残墓地上修建了黄忠墓和祠。

刘沅、刘桂文父子俩还为黄忠题写了一副精美的对联：

北伐数中原，溯汉中王业所基，唯公绩最；
西城留墓道，与昭烈庙堂相望，有此祠高。

20世纪60年代，新建才一百多年的黄忠墓祠却被人为破坏了，连墓石也被用来修沟补路、筑桥，整个黄忠墓祠几乎荡然无存。

如今，政府在黄忠墓祠的原址旁修建了黄忠祠游园，用精美的雕像和浮雕为前来参观的人们展示这位蜀汉名将的风采。徜徉其间，你仿佛又能见到那位跃马横刀、驰骋疆场的黄老将军的身姿和模样。

【游后小记】

陈老师

面对生前辉煌、死后坎坷的黄忠老将军，你想说什么？

我想把曹操的诗送给他：“老骥伏枥，志在千里；烈士暮年，壮心不已！”

乐小诗

所以说保护文物和传承精神，是我们对历史和英雄最好的纪念和最高的敬畏。

陈老师

諸葛亮隆中對

自董卓已來豪傑並起跨州連郡者不可勝數曹操比於袁紹則名微而衆寡然操遂能克紹以弱為強者非惟天時抑亦人謀也今操已擁百萬之衆挾天子以令諸侯此誠不可與爭鋒孫權據有江東已歷三世國險而民附賢能為之用此可以為援而不可圖也荊州北據漢沔利盡南海東連吳會西通巴蜀此用武之國而其主不能守此殆天所以資將軍將軍豈有意乎益州險塞沃野千里天府之土高祖因之以成帝業劉璋闇弱張魯在北民殷國富而不知存恤智能之士思得明君將軍既帝室之胄信義著於四海總攬英雄思賢如渴若跨有荊益保其巖阻西和諸戎南撫彝越外結好孫權內脩政理天下有變則命一上將將荊州之軍以向宛洛將軍身率益州之衆以出秦川百姓孰敢不簞食壺漿以迎將軍者乎誠如是則霸業可成漢室可興矣

一九六四年沈尹默書

成都武侯祠内《隆中对》　罗伟 摄

第二部分

名人逸事

导语

天府之国像一片充满魔力的风水宝地，不仅孕育了夺目的本土文化天才，还吸引了无数外地名人雅士的到来。他们用经典的文字、别样的风度、传奇的故事，塑造了成都非凡的魅力。这是一场人与城市的双向奔赴，彼此成就了对方的精彩与厚度。

在这一部分内容中，我们将跨越两千多年的时光，让十位著名的古人，为我们讲述成都城传奇而有趣的过往。

名人逸事第一回：张仪筑城

陈老师

乐小诗，你知道成都有哪些有趣的别称吗？

“晓看红湿处，花重锦官城”，成都又叫“锦官城”，还叫“芙蓉城”。

乐小诗

你说得对。成都还有一个别称可能会让你目瞪口呆，叫作“龟城”。

龟城？乌龟修的城？

当然不是，想知道这个名字的来历，那你可要好好听听“张仪筑城”的故事。

【陈老师讲成都】——张仪筑城

公元前316年是古蜀国历史上的至暗时刻，传承到第十二世的开明王朝最终走向了灭亡。强大的秦国铁骑穿越秦岭，所向披靡，末代蜀王死在了秦人的刀剑之下。至此，秦人治蜀的历史便拉开了大幕。

其实最开始的时候，秦王采用的是蜀人治蜀的方针，选拔了古蜀国的王公贵族来充当蜀侯，做自己的傀儡。然而连续三代蜀侯均因为造反或疑似造反而被诛杀。秦王最终失去了耐心，改设蜀地为蜀郡，不再设立蜀王，正式开始由秦人治理蜀国。我们这个故事的主角——张仪也因此而登上了舞台。

成都城虽然是开明王朝的首都，但一直没有坚固的城墙守护。秦灭蜀国后，成都的战略地位与重要性更加凸显，所以修筑高大坚固的城墙成了当务之急。

公元前311年，秦王令张仪和张若修筑成都城。张仪经过认真勘测，仔细规划后便开始修筑城墙。然而没想到的是刚开始筑城，张仪就遇到了大麻烦。城墙无论在哪里修筑，总是刚一修好，就立刻崩塌，反复多次，仍旧如此。这可让张仪陷入了巨大的困境之中。

就在张仪束手无策之时，神奇的一幕出现了。据《搜神记》等著名的古代典籍记载：一只巨大的乌龟从江水中浮出，绕着成都城开始悠闲地爬行，爬到城的东南方后便一动不动了。这神奇的事件引起了张仪的关注。那个时代的人们看见动物神奇的行为往往会解读为老天的授意，所以在巫师的指点下，张仪便命令工匠沿着大龟爬行的轨迹修筑城墙，果然修好的城墙再也没有倒塌，成都城也因此而筑成。

不过大龟爬行的轨迹弯弯曲曲，不方也不圆，而根据轨迹修成的成都城也南北不正，东西不齐，整个形状就像一只大龟的模样。因为这个传说，成都城就被称为“龟城”，也叫“张仪城”。

相传张仪修好了成都城后，又在城区西南边修建了一座张仪楼。《元和郡县志》中记载：“成都西南楼百有余尺，名张仪楼，临山瞰江。”这巍峨的张仪楼屹立在郫江北岸，高耸入云，站在楼上极目远眺，可以把整个成都城的景色尽收眼底，是古时候著名的登临胜地。张仪楼也与散花楼、得贤楼、西楼并称为“成都古代四大名楼”。

【故事与诗歌】

小朋友们，张仪城和张仪楼的故事讲完了，如果你还意犹未尽，那就来背一背唐朝诗人岑参为张仪楼写下的著名诗篇吧：

张仪楼

【唐】岑参

传是秦时楼，巍巍至今在。
楼南两江水，千古长不改。
曾闻昔时人，岁月不相待。

名人逸事第二回：李冰治水

陈老师

乐小诗，你知道成都地形有什么特点吗？

乐小诗

呀，成都的地势西高东低。

陈老师

张仪筑龟城保护了蜀人，可大自然的无情洪水却不是仅靠城墙就能阻挡的。这就要提到第二位名人李冰和他伟大的功绩——都江堰。

【陈老师讲成都】—— 李冰治水

在张仪为成都筑城五十多年后，成都人民又迎来了一位伟大的蜀郡太守，他就是著名的水利工程专家李冰。李冰带领百姓，在岷江流域兴办了许多的水利工程，其中最著名的就是都江堰。

李冰为什么要修建都江堰呢？这要从成都的地形说起。岷江从岷山发源，水量充沛，一路急流而下，到了成都平原时，由于地势骤降，水流速度剧增，加上地形复杂，泥沙淤积，使得江水在洪水季节常常泛滥。而枯水季节又会因为缺乏有效的灌溉系统，导致农田缺水严重。所以成都虽然有肥沃的土地，却一直饱受着水患的困扰。

李冰父子塑像　李华松 摄

李冰到任后，深入实地进行考察，详细了解了岷江的水文特征、地形风貌以及产生水患的原因后，提出了科学高效的治水方案，决定修建以都江堰为核心的综合性水利工程，既能控制洪水，调节岷江的水势，又能饮水灌溉，满足农业种植的需求。

都江堰水利工程主要分为三个组成部分：鱼嘴、飞沙堰和宝瓶口。每一个组成部分都极致简约而高效，充分体现了李冰父子和古蜀人民卓越的治水智慧。

首先是鱼嘴，又名“分水鱼嘴”，是人工筑起的一条纵向的大堰，因为头部像鱼头，所以称为“鱼嘴”。又因为它的作用在于把上游流下来的江水分为内、外两股（堤左西面的为外江，是岷江的主流，主要用于排洪；堤右东面的为内江，是灌溉东面田地的总渠），所以称为“分水鱼嘴”。

在修筑这条分水堤堰的时候，一开始采用向江心抛掷石块的办法，但由于水流过于湍急而始终没能成功。后改用竹子编成的长10米、宽0.6米的特大竹笼装满大块的卵石沉入江底，才终于筑成了这个大堤堰。

飞沙堰的修筑方法与鱼嘴分水堰相同，也是用特大竹笼装满卵石而堆筑成功的。修建这条堰的难点与关键在于，它的高度必须正好适宜，才能使内江的水位在达到一定高度后，江水会漫过堤堰而流入外江。在内江水位过高、水量特大、水速过急时，便会把堤堰冲垮，使内江的水直泄外江，确保内江整个灌区的安全。这条堤堰取名为飞沙堰，是因为它与宝瓶口相配合，还能产生排沙作用。

实际上整个都江堰水利工程修建的第一步是宝瓶口工程，而最难的恰恰也是宝瓶口工程。这个工程难在需要用人工把坚硬的玉垒山凿开一条通道，把鱼嘴分流的内江水引入成都平原，实现引流灌溉的目的。最开始这项工程进行得并不顺利。玉垒山的山体多为花岗岩，坚硬无比，纯靠人工开凿艰难无比。后来李冰和工人们群策群力，找到了一个火烧山岩，利用热胀冷缩的原理使山体爆裂的方法，成功地把玉垒山凿开了一个20米左右宽的大口子。因为形状很像瓶口，所以取名叫宝瓶口。

冬季的宝瓶口　　袁博 摄

把分水鱼嘴、飞沙堰、宝瓶口联合起来，就使得岷江在都江堰成功地实现了分流，既消除了西面水患，又弥补了东面灌溉的缺陷，一举两得，功德无量。如今两千多年过去了，这奔流的内江水、千年的玉垒山仿佛都共同诉说着传奇古堰所造就的绝美人间，我们又怎能不为它的建造者李冰父子点一个大大的赞呢？

【故事与诗歌】

望着巍巍的古堰、浩荡的江水，诗人岑参也忍不住为李冰父子献上一首由衷的赞歌：

石犀

【唐】岑参

江水初荡潏，蜀人几为鱼。
向无尔石犀，安得有邑居。
始知李太守，伯禹亦不如。

名人逸事第三回：文翁兴学

乐小诗，我问你一个重要的问题：中国历史上第一所官办学校你知道诞生在哪座城市吗？

陈老师

难道在成都？

你猜对了，那就是距今已经有两千多年历史的文翁石室。

乐小诗

陈老师

文翁石室？

文翁是人名，你可要认真听一听“文翁兴学”的故事哟。

乐小诗

陈老师

【陈老师讲成都】—— 文翁兴学

这位文翁先生并不是成都人。他姓文，名党，字仲翁，生于公元前187年，是今安徽省六安市舒城县人。文翁从小勤勉好学，精通《春秋》，成年后在担任郡县小吏时被朝廷考察提拔。到了汉景帝后期的公元前143年，文翁调任蜀郡，开启了巴蜀大地两千多年的文脉兴盛与传承。

文翁来到蜀郡后发现，由于这里地处偏远，文化教育都相对落后。该如何改变这蒙昧落后的现状呢？文翁决定首先从人才入手。文翁在全郡精心挑选了十八位资质优良、积极向上的年轻人，把他们送去京城跟着太学的博士们学习儒家经典和政策律令。形象地说，这就是在为巴蜀大地培养第一批优秀的“文化种子”，希望他们能够结成文明的硕果，改变落后的面貌。为了能保障这十八位年轻人好好学习，文翁削减了郡府的开支，紧衣缩食，以图后效。这十八位人才也没有辜负文翁的期待，学成归来后他们纷纷扎根蜀地，政绩斐然。

可是仅仅靠这十八个人才还是远远不够，于是文翁决定在成都兴建一所官办学校，用以培养更多人才。由于学校藏书的房舍是用大石头垒砌而成的，所以被称为“石室精舍”。这所官学的创办意义重大。在文翁办学之前，读书其实是一件很费钱的事儿。人们要么去京城太学读书，费用相当不菲；要么就去私塾读书，学费也会给普通人家造成不小的压力。可文翁兴办的这所官学不仅学费全免，还能免除学生的徭役，并且在学成之后，还为学生提供工作和进阶的机会。这对于穷苦人家来说简直是天大的好消息。

这所文翁官学还有一个巨大的优势就是师资精良，名贤云集。据说甚至连鼎鼎大名的司马相如也参与其中，留下了“文翁倡其教，相如为之师”的佳话。

没过几年时间，蜀地人都争着成为官学弟子，甚至有钱人愿意出钱以求得学位。从此蜀地民风巨变，教化大开，甚至后来从蜀地前往京城求学的人数竟能比肩文化昌盛的齐鲁之地。这一幕让汉武帝惊讶无比，一番调查之后，发现这是文翁在蜀地兴学的成果。汉武帝非常满意，命令全国的郡县都效仿文翁开办官学。可以说文翁兴学不仅改变了蜀地，也造福了整个中国。文翁开创了义务制教育的先河，被后人尊为公学始祖。

更加令人感慨的是文翁最早兴建的那座石室学宫，经历了两千多年的历史风雨，其办学的传承几乎没有中断过。在这连绵不断的文脉滋养之下，文翁石室也培育出了很多著名的学生。比如说汉赋大家扬雄、史学大家陈寿、著名诗人陈子昂、明代状元杨升庵，以及“戊戌六君子”之一的刘光第等，真可谓是造福一方，福绵万代。

除了兴学之外，文翁还是继李冰之后第二位大兴水利的蜀郡太守。据《华阳国志·蜀志》记载，文翁治理了湔江水患，开凿湔江分渠，灌溉了千顷农田，为蜀地人民做出了另一个巨大的贡献。

文翁78岁时在蜀地去世。他一生清正廉洁，一心为民。班固在《汉书》中把他列为了循吏传的第一人。文翁用自己一生的勤勉与丰厚功绩，不仅赢得了史学家的盛赞，更在老百姓的心中树立了不朽的丰碑。他是我们成都人民世世代代应该感恩的人！

【故事与诗歌】

在杜甫的诗中，文翁与诸葛亮并称，是蜀人心中恩重如山的人：

赠左仆射郑国公严公武（节选）

【唐】杜甫

诸葛蜀人爱，文翁儒化成。
公来雪山重，公去雪山轻。

名人逸事第四回：文君当垆，相如涤器

哇，前面那个雕塑好漂亮呀！

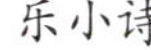

陈老师

这里是琴台路。你知道雕塑中这位弹琴的男子是谁吗？

不，我想知道雕塑中那位翩翩起舞的姑娘是谁。

乐小诗

陈老师

好，好，好，我就来给你讲讲这姑娘和弹琴男子的传奇故事吧。这个故事叫“文君当垆，相如涤器”。

【陈老师讲成都】——文君当垆，相如涤器

说起司马相如，那绝对是我们成都人民的骄傲。他有多厉害呢？后人把他推崇为“赋圣”，那可是汉赋文章第一名的意思呀！如果你打开司马迁的《史记》，更会惊讶地发现，描写司马相如的篇幅居然比

描写伟大的汉武帝的篇幅还要多得多。一个臣子的传记居然超越了皇帝，可见，他在司马迁心中的地位有多高。

他的名字也很有意思。小时候父亲给他取了一个很奇怪的名字叫犬子。长大后，因为司马相如特别崇拜蔺相如，所以就给自己改名叫司马相如。而“犬子”这个名字就被后人用来作为自己孩子的谦称，这就叫名人效应。

这么有名的大才子司马相如怎么会在酒馆做工，而且当街涤器（清洗酒具）呢？这就要说说司马相如那传奇的爱情故事了。

司马相如出生在公元前179年，正好是汉文帝登基的那一年。汉景帝时期，因为家中有钱，司马相如做了几年的闲官。后来依附有权有钱的梁孝王又过了几年潇洒的时光。可是等到梁孝王去世后，司马相如的生活陷入了困境，只好回到家乡成都。

司马相如有一个好朋友叫王吉，当时在临邛（今邛崃）做县令，听说司马相如回来了，就邀请他去临邛做客。司马相如乘着豪华的车驾到了临邛，王吉又举办了一个盛大的欢迎仪式。这样一来整个临邛的富人都被惊动了，其中临邛首富卓王孙就有了结交司马相如的念头。王吉于是顺水推舟，让卓王孙在府中设宴款待司马相如。

那天高朋满座，盛况空前。酒过三巡，王吉提议让司马相如弹琴助兴，为司马相如提供一个展现魅力的机会。司马相如这一次赴宴其实有一个隐藏的心愿。他听说卓王孙的小女儿卓文君知书达理、温柔贤淑，最近刚好新寡（丈夫去世了）在家，心中颇有爱慕之意，所以就把自己的这份心意融入琴曲歌声之中，临场创作了一首《凤求凰》。歌者有情，听者有意，珠帘之后的卓文君也被司马相如夺目的才华与绵绵的情意所吸引，芳心大动。一曲歌罢，二人两情相悦，当天夜里卓文君就违背了当时的礼制和父母的意

琴台路夜景　　袁博 摄

愿，与司马相如私奔到成都。

等来到成都后卓文君才发现，原来司马相如早已家道中落，一贫如洗。这以后的日子该怎么办呢？聪明的卓文君想到了一个办法。她让司马相如卖掉了车驾，带着卖车的钱回到临邛，租了一个小小的门面，做起了卖酒的生意。文君当垆卖酒，而相如就当街涤器。这简直把她那位首富父亲给逼得没了脾气。最终卓王孙只好接受了这个虽然穷困但才华绝伦的女婿，给了他们足够的生活资助。

于是司马相如和卓文君回到成都，购置房产过上了幸福的生活。据说古时候在这琴台路的附近就有司马相如的抚琴台，闲暇时司马相如也会在这里教书育人，造福蜀中的百姓。等到司马相如四十多岁时，他的才华终于被汉武帝发现，招入京城。而司马相如也用自己的《子虚赋》《上林赋》彻底地征服了汉武帝，名震华夏，成为成都人的骄傲。

今天走在这古色古香的琴台路上，望着这精美的雕塑，我们似乎还能隐隐听到那悦耳的琴声为我们讲述着这个传奇而动人的故事。

【故事与诗歌】

想知道大汉第一才子司马相如的魅力吗？快来读读这首让卓文君一曲倾心的大作吧。

凤求凰

【西汉】司马相如

凤兮凤兮归故乡，遨游四海求其凰。
时未遇兮无所将，何悟今兮升斯堂！
有艳淑女在闺房，室迩人遐毒我肠。
何缘交颈为鸳鸯，胡颉颃兮共翱翔！
凰兮凰兮从我栖，得托孳尾永为妃。
交情通意心和谐，中夜相从知者谁？
双翼俱起翻高飞，无感我思使余悲。

名人逸事第五回：严遵鉴宝

陈老师

乐小诗，今天我要带你拜访一位名师。

乐小诗

谁？厉害吗？

陈老师

那可不是一般的厉害。他的学生里有鼎鼎大名的扬雄呢。

乐小诗

哇，他是谁呀？

陈老师

他就是汉代时成都的著名人物——严遵。今天我要给你讲一个“严遵鉴宝”的神奇故事。

乐小诗

太棒了，我们开始吧！

【陈老师讲成都】—— 严遵鉴宝

严遵，字君平，四川成都人，西汉时期著名的道家学者、思想家。他其实本姓庄，后来为了避汉明帝刘庄名讳，《汉书》的作者班固把他改称为严遵，结果一直沿用至今。

严遵老师非常厉害，《蜀中广记》中称他知天文，认星象，善占卜，通玄学，博学多才，几乎无所不通。但他一生淡泊名利，知足常乐。虽然自身无欲无求，但严遵对学生、对家乡却是尽心尽力。他倾尽心血培养出了得意门生扬雄，又不遗余力在巴蜀大地上设馆授徒，造福人民。

说起严遵和成都的故事，最传奇、最有名的就是发生在支矶石街上的"鉴宝"故事了。

《蜀中广记·严遵传》记载：汉代时张骞出使大夏国，一路艰辛，走到了黄河的尽头，可依然没有到达神秘的大夏国。张骞继续前行，又走了许久之后，来到了一处神秘而陌生的地方。

张骞四处张望，看到不远处有一位女子正在织布，便上前询问这是什么地方。哪知道那位姑娘看到张骞后十分惊讶，说道："你怎么会来到这个地方？"张骞更好奇了，恳求姑娘说："这到底是什么地方呀？请您告诉我吧。"姑娘看他如此恳切，便指着一块石头对他说："你把这块石头带回去，找西蜀的严君平，他会告诉你答案。"

张骞按照姑娘的交代，回去后在成都找到严遵。

张骞把那块石头交给严遵，严遵端详良久后，缓缓地说道："你到达的地方根本不是人间，而是位于银河边的牛郎、织女的家。去年八月，我夜观星象，看到有客星侵犯牛郎星与织女星。当时我还感到很奇怪，原来那正是你到达银河边的日子呀！"张骞这才明白原来自己竟然到达了天上，而这块看似普通的石头居然是来自天上的神石。

后来人们把张骞与严遵相遇的那条街道取名为"支矶石街"，而那块传说中的支矶石也留在了成都。最晚从唐朝开始，这块巨石被放置在祭祀严遵的严真观中，上面还刻着篆体的"支矶石"三个大字。后来几经辗转，这块支矶石于1985年被移入文化公园中，石头上的文字已然磨灭不显，现在石头上的文字是由著名书法家伍瘦梅手书补刻的。

虽然织女赠石的神话故事不可能是真的，但严遵的博学与精深还是让人叹为观止。如果你也想缅怀严遵先生，那么成都市区内除了支矶石街外，还能去往君平街、君平巷等多处纪念地。2006年时，君平街上还兴建了君平园主题游园，值得我们去驻足留念。

从前的支矶石街　张光宇 摄

【故事与诗歌】

沿着黄河一直往上走，真的可以到达银河吗？这当然是美好的传说，不过传说有时候正是我们对世界诗意的解读。不信你听诗人刘禹锡怎么说：

浪淘沙（其一）

【唐】刘禹锡

九曲黄河万里沙，浪淘风簸自天涯。
如今直上银河去，同到牵牛织女家。

名人逸事第六回：扬雄洗墨

五子者，有荀扬。文中子，及老庄……

乐小诗

陈老师

乐小诗，你知道《三字经》中所说的五子中的“扬子”是谁吗？

不知道呀，您给我讲讲吧。

乐小诗

陈老师

他叫扬雄，不仅是汉朝很厉害的名人，而且还是咱们的成都老乡呢。

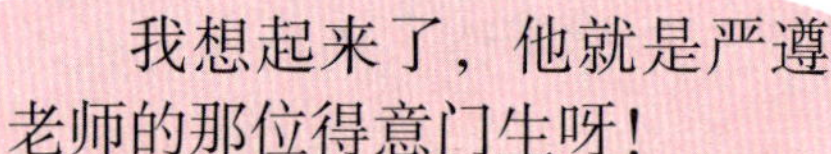

我想起来了，他就是严遵老师的那位得意门生呀！

乐小诗

陈老师

今天我们就来讲讲扬雄成才的故事——扬雄洗墨。

【陈老师讲成都】—— 扬雄洗墨

“南阳诸葛庐，西蜀子云亭。”小朋友们，是不是每次读到刘禹锡《陋室铭》的这句名言时都会有一个小小的疑惑：这“西蜀子云亭”到底是谁的家呀？它的主人就是我们今天的主角——扬雄。

史书记载，扬雄虽然身材不高，相貌平平，甚至还有些口吃，但天赋卓然，又勤勉好学，自幼便跟随名师严遵、李弘、林闾翁孺等学习，为自己的成功打下了坚实的基础。

扬雄的成就堪称全面而辉煌。他仿照《论语》写出了《法言》一书，成就了自己在儒学发展史上的崇高地位；又仿造《易经》写下了《太玄经》，在中国哲学史上也占据了重要一席；他的文章精美而奇绝，包括《甘泉赋》《羽猎赋》《长杨赋》《蜀都赋》等，他被称为“西汉末年最著名的辞赋家”，与司马相如并称为“扬马”；他还被后世誉为“世界上研究方言的第一人”，写出了划时代的著作《方言》。

扬雄对四川人民还有一个巨大的贡献是写出史学名著《蜀王本纪》，为我们讲述了遥远的古蜀五帝的故事。随着三星堆和金沙遗址的发掘，我们越来越感受到《蜀王本纪》的价值和扬雄修史的魅力。

三星堆博物馆　　米林　摄

除了以上成就外，扬雄还在天文学、数学、音乐、文字学等方面均有著述，简直就是一位百科全书式的奇才，被人们尊称为“西道孔子”。

扬雄出生在成都郫县（今郫都区），曾经在成都、绵阳等多地求学、生活，留下了丰富的文化遗迹。其中以位于郫都友爱镇的扬雄墓、绵阳西山的子云亭和成都市区青龙街附近的扬雄洗墨池最为著名。

“扬雄洗墨池”的来历与张仪筑城有关。相传这个水池正是张仪在修筑成都城时掘土而形成的，最早

子云亭扬雄雕塑　　罗伟 摄

人们称它为“龙堤池”。后来扬雄来到成都后就居住在这水池之边。晚唐人郑暐《蜀记》一书中记载：扬雄的住处在秦大城内唐节度署西北二里二百八十步，正好就是今天的青龙街附近。

史书上没有记载扬雄在这里是如何发愤读书、勤勉写作的，但从被墨色染黑的池水来看，我们不难想象出那些令人动容的场景。“宝剑锋从磨砺出，梅花香自苦寒来”，这一方墨池水正是扬雄伟大人生的见证者与助力者。于是人们就把这个水池称为“扬雄洗墨池”。

有趣的是，在中国历史上名人与洗墨池的故事总是相伴而生的，王羲之、杜甫、范仲淹、苏轼等人都留下了洗墨池的遗址和传说。显然，扬雄是这些后来人的先驱与引领。

令人遗憾的是到了五代十国时期，位于青龙街上的扬雄旧宅和洗墨池都逐渐荒废，后来更是因为战火化为废墟。宋朝时重建了扬雄故居的纪念堂，并复建了洗墨池。到了元朝时，又修建了墨池书院来延续扬雄文脉的传承。其后洗墨池又经历了多次的毁坏与重建，到了光绪三十一年（1905），墨池书院和旁边的芙蓉书院合并为成都高等小学堂。1907年，成都高等小学堂改为成都县立中学校，1952年再次易名为成都市第七中学校（即今成都七中）。1954年，成都七中迁到了今天的林荫中街，而墨池的原址上又建起了成都十三中……

望着洗墨池两千多年来的兴衰沉浮，我们仿佛看见那位西汉的文化巨匠，用恢宏而渊博的文脉滋养着自己深爱的故土，用自己勤勉而严谨的态度孕育着无数新的奇迹。

如今随着城市建设的进程，洗墨池遗址已经被修成了商场、住房，这一文化遗址彻底消失在我们的视野之中。隐隐的遗憾之外我们也会有一丝释然。因为虽然斯人已逝，然其风长存。我们对这一方墨池的崇敬与向往，并不会因为它的离开而消逝，那巍峨的子云亭已悄然矗立于我们的心间。

【故事与诗歌】

刘禹锡的《陋室铭》让扬雄的子云亭名扬天下，这就是文字的魅力，快来读一读吧。

陋室铭

【唐】刘禹锡

山不在高，有仙则名。水不在深，有龙则灵。斯是陋室，惟吾德馨。苔痕上阶绿，草色入帘青。谈笑有鸿儒，往来无白丁。可以调素琴，阅金经。无丝竹之乱耳，无案牍之劳形。南阳诸葛庐，西蜀子云亭。孔子云：何陋之有？

名人逸事第七回：李白登楼

陈老师

乐小诗，古人常说“自古诗人例到蜀”，你知道这句话的意思吗？

乐小诗

我知道，就是说古代著名的诗人几乎都来过四川，都到过成都。

陈老师

这么多的诗人中，你最想听一听谁和成都的故事呢？

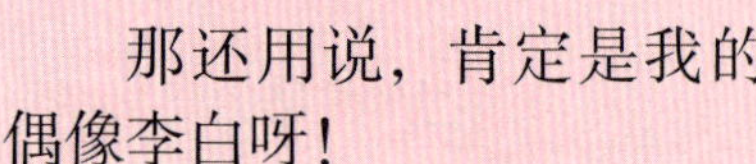

乐小诗

那还用说，肯定是我的偶像李白呀！

陈老师

李白是绵阳人，绵阳是成都的邻居。所以李白对成都相当的熟悉，而成都对于李白也有相当重要的意义。就让我们跟随李白的脚步一同去登临散花楼吧。

【陈老师讲成都】—— 李白登楼

李白也许是中国古代最有魅力的诗人吧。他自幼生活在绵阳江油的青莲乡，在大小匡山学习，在巴山蜀水中成长。而最终促使李白立下壮志，奔赴诗和远方的却是成都的散花楼。

成都古时候有四大名楼，分别是战国时所建的张仪楼，隋朝时所建的散花楼，五代时所建的得贤楼、西楼。其中，最神秘的当属散花楼。

首先，这个名字就大有来历。根据历史记载，散

李白故里邀月台　罗伟 摄

花楼由隋朝蜀王杨秀所建。相传，在楼顶晨光中，无数花瓣从天空坠下，景象如同佛家传说中的“天女散花”，因而得名“散花楼”，听起来就非常令人向往。

开元九年（721)，李白慕名来到了散花楼前。仰望着这高高耸立的历史名楼，李白的内心激动不已。他细细打量着它，晨光明丽，朝霞映照着整座楼宇，流光溢彩，令人目不暇接，仿佛一座金碧辉煌的仙境般的宫殿，光彩夺目。

成都城的繁荣在这座楼上得到了充分的体现。楼上的窗户金光熠熠，门上的雕饰典雅华美，处处都透露着繁荣的气息。

登上散花楼，李白把整座城市的美景尽收眼底，山川秀丽，物产丰厚。散花楼高耸入云，身处其间，简直如同在九天上的仙境游览一般，让人心胸开阔，精神为之一振。

这次登散花楼，对李白来说有重要的意义。三年后，他做出了人生中最重要的决定——“仗剑出川，辞亲远游”。好多人不理解李白为什么突然离开家乡，游历四方。其实，做出这个决定的一个很大原因可能就是当李白登上散花楼时，第一次被这世间的繁荣所深深震撼。那一刻，他的心底生出一个强烈的愿望：世界那么大，我想去看看。

散花楼留给李白的精神震撼还远远没有结束，三十多年后，当他再次提笔为成都写诗时，当年的游览体验涌上心头，一份熟悉的感慨喷薄而出：“濯锦清江万里流，云帆龙舸下扬州。北地虽夸上林苑，南京还有散花楼。”这里的“南京”指的是成都，因为安史之乱时，唐玄宗逃到蜀郡避难，升蜀郡为成都府，因其在长安南，故号称“南京”。

新建的散花楼　　袁博 摄

令人遗憾的是，在后来的岁月里，散花楼屡次被毁。虽然今天在百花潭公园旁重建了散花楼，但既不是隋朝时的旧址，也没有了往昔的风采。或许散花楼真正的美丽，只能在李白的诗中去体会了。

一次登临，一场因缘际会，散花楼成就了李白的志向，而李白也升华了散花楼的价值。套用电影《长安三万里》的台词：诗在，散花楼就在，成都就在！今天你走在成都的土地上，是否也期待像李白那样，遇到一座能够改写自己人生的散花楼呢？

◇◇

【故事与诗歌】

李白笔下的散花楼到底有多美呢？读一读你就知道了。

登锦城散花楼

【唐】李白

日照锦城头，朝光散花楼。
金窗夹绣户，珠箔悬银钩。
飞梯绿云中，极目散我忧。
暮雨向三峡，春江绕双流。
今来一登望，如上九天游。

名人逸事第八回：杜甫春游

陈老师

乐小诗，你觉得古代那么多诗人里哪位最爱成都？

乐小诗

这个嘛，我自己的感觉是非杜甫莫属。

陈老师

哦？为什么这么说？

乐小诗

因为杜甫虽然只在成都待了四年左右的时光，却为这座城市写下了240余首诗歌。从这个数量和质量来说，他担得起“最爱成都”的称号。

陈老师

有道理，那我再问你，成都人民最爱的诗人又是谁呢？

乐小诗

嗯……莫非也是杜甫？

陈老师

没错，2017年成都市曾经进行过一次“最美成都诗词”的评选，超过百万人次投票参与，最终前十名里杜甫不仅入选了五首，而且还包揽了前三名。他是成都人民心中的最爱呀！

太牛了！

乐小诗

陈老师

杜甫在成都发生过哪些有趣的故事呢？今天我们就来讲一讲发生在公元760年的那次“春游”吧。

【陈老师讲成都】—— 杜甫春游

杜甫来到成都是一场机缘巧合。

自安史之乱爆发后，杜甫经历了幼子夭折、战乱流离的苦难。公元759年的冬天，杜甫一家被困在了甘肃的冰天雪地之中，处境无比艰辛。好在此时蜀中的好友们向杜甫伸出了援手，助他从甘肃天水入川，经古金牛道来到了成都。

朋友们为杜甫在成都西郊的浣花溪边，觅得了几间破旧的茅屋安顿家小。茅屋虽然破旧，生活依然艰难，但杜甫却欢欣雀跃。因为他知道来到成都，不仅仅可以获得安稳的生活，更重要的是终于可以实现自己长久以来的梦想，去那个向往已久的神圣之地武侯祠，祭祀自己心中的偶像——蜀汉丞相诸葛亮。

公元760年的春天，杜甫刚刚把草堂整顿得勉强像个家的样子，便迫不及待地开启寻梦之旅。因为不知道武侯祠的方位，出发前还特意询问了老乡，几经跋涉终于成功抵达了武侯祠前。

杜甫在武侯祠里写下了著名的诗歌《蜀相》。这首诗中最让人感慨的是杜甫为诸葛亮的尽情一哭，以至于留下了“长使英雄泪满襟”的动人一幕。有人会问，为什么杜甫在那一刻会如此脆弱，如此感性呢？我们一定要了解诸葛亮对于古代读书人的价值与意义。他不仅象征着极致的才华和智慧，更让人向往的是他所经历的古代君臣间难得的信任与托付。

站在诸葛亮的塑像之前，杜甫的目光定格在了这位蜀汉丞相一生中最重要的两个转折点——

其一，“三顾频烦天下计”。“三顾茅庐”是诸葛亮事业的起点，得遇明主，得展才华，从此告别悠闲的隐居生涯，开启辉煌的仕途前程，怎能不让人无比羡慕？仿佛间我们听到老杜喃喃的心声：“七龄思即

草堂茅屋　袁博 摄

壮，开口咏凤凰，诸葛亮的际遇为什么不能发生在我的身上？”

其二，“两朝开济老臣心”。“白帝城托孤”是诸葛亮人生的转折点，从此那位潇洒自如的孔明先生消失不见，取而代之的是负重前行、鞠躬尽瘁的诸葛丞相。想到诸葛亮最终殒身五丈原时，杜甫的心中一定蔓延着巨大的悲伤，因为诸葛亮的逝世不仅意味着蜀汉江山的衰亡，也象征着杜甫心中那残存的志向之光的熄灭。恍惚中，人们能聆听到杜甫不甘的低语：“老骥伏枥，志在千里，人生却终究没有完美的结局。”

这场发生在公元760年春天的出游，注定会萦绕杜甫的一生。杜甫在诸葛亮的人生之镜前照见自己，感到理想破灭的痛苦和现实落寞的艰难。或许这就是杜甫泪如雨下，沾湿衣襟的原因吧。

【故事与诗歌】

智圣与诗圣的相遇，历史与文字的美丽，都在这首《蜀相》中，读之意味无穷。

蜀相

【唐】杜甫

丞相祠堂何处寻，锦官城外柏森森。
映阶碧草自春色，隔叶黄鹂空好音。
三顾频烦天下计，两朝开济老臣心。
出师未捷身先死，长使英雄泪满襟。

名人逸事第九回：薛涛制笺

陈老师

乐小诗，你知道唐朝四大女诗人吗？

不知道，都有谁呢？

乐小诗

陈老师

李冶、薛涛、刘采春和鱼玄机。其中，薛涛和咱们成都就有莫大的渊源。

我记得城东的望江楼公园就是薛涛的重要纪念地。那里有薛涛井、薛涛墓，还有著名的薛涛制笺的传说呢。

乐小诗

陈老师

你这话说得对，也不完全对，今天我们就来讲一讲“薛涛制笺”的故事。

【陈老师讲成都】—— 薛涛制笺

“万里桥边女校书，枇杷花里闭门居。扫眉才子知多少，管领春风总不如。”中唐诗人王建的这一首《寄蜀中薛涛校书》，让我们了解到这位女诗人的才情与风度——那是让许多男诗人都自愧不如的才女呀！

薛涛，字洪度，长安（今陕西西安）人。薛涛从小随父入蜀，父亲死后，她便留在成都，并在这里度过了她的一生。薛涛喜诗文，识音律，善书法。十六岁时因父早逝，薛涛与母亲相依为命，迫于生计加入乐籍。后来在韦皋任剑南西川节度使、成都尹期间，薛涛因为能诗善文，文采风流，极得韦皋的赏识，常常被召令侍酒赋诗，进而诗名远播，日益受人敬重。连当时著名的诗人白居易、元稹、刘禹锡、杜牧等都纷纷与她诗歌唱和。

今天我们提到薛涛必然就会想到望江楼公园，这里有薛涛井、薛涛墓，当年薛涛是不是就住在这儿呢？那闻名于世的薛涛笺是不是就在薛涛井旁制作而成的呢？其实，薛涛生前既没有在望江楼公园一带住过，也没有在这里制笺题诗，她的生活轨迹与望江楼公园并不相干。

据王家祐《成都城史》的《碧鸡坊考》说："薛涛早岁居万里桥边（在成都城南），中年移住节度使别墅浣花溪旁（在城西），晚年居碧鸡坊创吟诗楼（在城北），三处各不相连，盖迁居异地也。"那么独独没有在城东生活过的薛涛，怎么又和城东的望江楼公园扯上了关系呢？原来在薛涛逝世后，她的坟茔的确是建在望江楼公园附近的。据《四川通志》记载："薛涛墓在华阳县东十里。"《华阳县志》与《华阳新志》也记载"薛涛墓在城东数里"。据后人考证，薛涛真实的墓址就在今天望江楼公园右侧的四川大学里面。

那薛涛井又是不是真实的制笺之地呢？其实也不是。薛涛真正开始制作诗笺是从万里桥边迁居百花潭后，用的是浣花溪水。所以当时这种笺纸也被称为"浣花笺"，后来才被人称为"薛涛笺"。这种十色的松花小笺清新雅致，极得诗人墨客的赞赏喜爱，尤其是红色的那一款，风行于世，供不应求。很多诗人都用它写出了名篇佳作，比如郑谷诗云："蒙顶茶畦千点露，浣花笺纸一溪春。"李商隐诗云："浣花笺纸桃花色，好好题诗咏玉钩。"到了宋朝司马光也写诗道："西来万里浣花笺，舒卷云霞照手鲜。"可见薛涛笺

薛涛井　　肖蓉 摄

的影响历久弥新。

那望江楼公园中的薛涛井又因何而来呢？据《成都府志》记载，薛涛井旧名“玉女津”，左面是水码头，右面是清水池塘，地下水脉与锦江相连。因为其塘底由层沙构成，故塘水清冽，澄澈照人。明代蜀地藩王因而指定每年三月三日在这里取水，仿效当年薛涛在浣花溪制造浣花笺的办法，制作贡纸上贡朝廷。后来池塘因为历年变迁，逐渐缩小成井状，故而被称为“薛涛井”。清康熙六年（1667），成都知府冀应熊手书“薛涛井”三字并刻立石碑，至此，薛涛井成为正式的地名标识，成为文人墨客缅怀薛涛的胜地。

今天漫步在望江楼公园中，你会看到垄垄的翠竹，那是薛涛一生气节的象征；你会望见斑驳的古井，那是薛涛制笺留下的余痕；你会寻觅那一尊神秘的坟茔，那是薛涛生命最终的归宿。这座城市似乎用尽一整座公园的内涵去缅怀那位相伴一生的才女。她用诗名和才气丰富了这一方土地的文脉，我们用千年的崇敬和无尽的怀想追忆那一页镌刻历史的桃红……

【故事与诗歌】

“校书”一职品级虽低，但文化要求极高。才女薛涛的实力，在这首诗歌中展现得淋漓尽致。

寄蜀中薛涛校书

【唐】王建

万里桥边女校书，枇杷花里闭门居。

扫眉才子知多少，管领春风总不如。

名人逸事第十回：陆游醉酒

陈老师

乐小诗，来猜猜下面我要说的这位诗人是谁。

乐小诗

好啊，我最喜欢猜谜了。

陈老师

他呀，是中国古代存诗最多的诗人，也是著名的爱国诗人。

乐小诗

我知道了，是陆游。

陈老师

不错，陆游存诗达到了9000多首。他和咱们成都也有非常密切的关系。接下来我们就去看看陆游在成都发生的一件有趣的事儿——陆游醉酒。

【陈老师讲成都】——陆游醉酒

陆游与成都有着不解之缘。从担任夔州通判开始，陆游一共在蜀地为官生活了八年的时光，其中在成都就差不多有五年。他对成都感情很深，留下了近千首诗歌，也把成都称为自己的第二故乡。

陆游在成都留下了非常多值得纪念的回忆。比如和好友范成大一同在成都为官时，因为常常诗酒往来，被人讥弹为“不拘礼法，恃酒颓放”，结果陆游干脆自号“放翁”，给自己的人生做了一个潇洒的注

陆游广场的陆游像　郑继明 摄

脚。又比如陆游曾经准备与杜甫草堂为邻，在浣花溪边修建了房屋，似乎打算在成都长住下去。

陆游爱成都还有一个重要的原因，那就是天府之国优越的自然气候条件，使花卉生长得更加蓬勃而舒张。陆游爱花，在成都他爱过淡雅的芙蓉、华贵的牡丹，但最爱的还是傲骨的梅花。陆游初到成都就写过一首《梅花》诗，后来的时间里也不间断地写，直到离开成都时还写了《梅花绝句》十首，可以算得上是成都梅花的代言人了。

这么多首梅花诗中，哪一首流传最广，也最为成都人民所喜爱呢？这就要首推陆游离开成都二十多年后，在家乡绍兴回忆成都往事所写的那首《梅花绝句》："当年走马锦城西，曾为梅花醉似泥。二十里中香不断，青羊宫到浣花溪。"诗中陆游醉酒的一幕令人忍俊不禁，毕竟以花佐酒，为花醉酒，陆游爱花爱得也太奔放了。

"二十里中香不断，青羊宫到浣花溪。"真的有这么多梅花吗？根据《成都古今集记》记载，宋朝时每年的十一月份官府会举办梅花节，到了二月间又会有花市登场。老百姓会自发地把各种漂亮的梅花摆放在从青羊宫到浣花溪的道路两边，形成一条蔚为壮观的梅花长廊。花色动人心旌，花香沁人心脾，又怎能不让陆游甘之如饴，烂醉如泥呢？

另外，陆游的好友范成大也非常喜爱梅花。他在担任成都知府时更是特地修建官梅庄，由官府亲自种植梅花、养护梅花，还移植来十多棵大梅树充实官梅庄，并亲自为梅花赋诗。上至文人官员，下到黎民百姓，所有的人都毫不掩饰对梅花的喜爱，整个城市都氤氲了梅花的香氛。这样想想，陆游在成都时的心情怎能不愉快？

如果今天“梅花节”再一次出现在我们身边，你会像陆游一样，为花陶醉，为花痴狂吗？

【故事与诗歌】

来和陆游开启一场浪漫的梅花之旅吧。

梅花绝句

【南宋】陆游

当年走马锦城西，曾为梅花醉似泥。
二十里中香不断，青羊宫到浣花溪。

第三部分 街巷探秘

导语

在成都有无数条路星罗棋布，它们看上去很普通、很平凡，但正是那一砖一瓦、一户一家、一街一巷、一亭一塔，记录着这个城市久远的过往和曾经的辉煌。踏上这些富有深意的街巷，寻觅那些属于成都孩子的神秘力量，你会发现行走的脚步越发有力，脚下的道路越发宽敞。

在这一部分中，我们将前往成都十条很有代表性的街巷，它们或奇，或美，或富，或绝……用不同的故事塑造着成都别样的风采。

街巷探秘第一站：交子大道

人们常常用一个词语来赞美成都，叫“扬一益二”，这是什么意思呀？

乐小诗

陈老师

问得好！作为成都的小朋友，我们一定要理解这份荣耀。这个词是用来形容唐宋时期中国最繁华的两座城市的，扬州排在第一名，而益州，也就是成都排在第二名。

哇，成都真了不起！

乐小诗

陈老师

那你想不想去看看最能代表宋朝时成都多么繁华的那条街道？

太想去了！

乐小诗

陈老师

那我们出发吧，第一站——交子大道。

【陈老师讲成都】—— 交子大道

交子大道不是一条古街道，但它的命名是为了纪念属于成都的一份顶级荣耀——世界上最早的纸币“交子”的诞生。

交子的出现可以追溯到北宋初期。当时的成都由于特殊的地理位置和繁荣的商贸活动，经济十分发达。然而由于四川地区缺少铜矿，所以市场上流通的货币主要是铁钱。然而铁钱很重，携带不便，日渐影响人们的日常交易。比如按照当时的物价，买一匹绢需大约130斤铁钱。这种情况严重阻碍了商品交易和商业发展，人们都在期待面值更高、使用更便利的新货币的出现。在这样的背景下，世界上第一张纸质钱币——交子就在成都问世了。

交子能够诞生在成都，有三个非常必要的条件。第一，成都的经济高度繁荣，人们在日常生活中对货币的使用需求非常旺盛。第二，成都有发达的造纸业，能够支撑交子的诞生。第三，成都还有先进的雕版印刷技术，能够保证交子的快速印刷和市场流通。

最开始，交子的流通是一种民间行为。据史书记

交子大道开街　　李志勇 摄

载，宋太宗时期交子的雏形就已经在成都出现，后来16户富商由官府协调经办，创立了一种纸质的货币凭证——交子。不过那时候的交子更像是今天的汇票与支票，只能替代铁钱行使部分的货币功能。随着交子在民间的广泛使用，它的便利性逐渐显现，市场的需求日益增长。但是由于是民间行为，缺乏必要的规范和监管，所以也引起了不少的诉讼和纠纷。

到了宋仁宗天圣元年（1023），朝廷看到了交子的潜力，决定把交子的发行与管理权收归官方，在成都正式设立专门机构“交子务”，发行官方交子，把交子确立为国家法定货币。这样交子也就成为中国乃至世界第一种由政府正式发行的纸币。从此以后，交子不仅有了官方的信用担保，还规定了统一的面额、样式和发行管理，并逐步推广使用到更多的地方，为北宋的经济繁荣和后世的金融发展做出了不可磨灭的贡献。

怎么样，一张小小的交子，却是我们这座城市，乃至中国的大大荣耀。听完它诞生的故事，你是不是对古代成都经济的繁荣和商业的智慧感到深深的自豪？你是不是对“扬一益二”的说法有了更大的底气？我相信，现在你能够理直气壮地说：“是的，成都很棒！”

街巷探秘第二站：春熙路

陈老师

乐小诗，你知道哪条路被称为“成都第一路”吗？

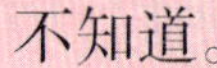

不知道。

乐小诗

陈老师

我来告诉你吧，这条路就是春熙路。它这个“第一路”的称号可不是虚指，在成都它至少有两个实实在在的第一。

哪两个呢？

乐小诗

陈老师

它是成都市最早修建的新式街道，同时也是民国后成都市最繁华的商业街道。2005年，在《新周刊》全国商业街评选活动中，春熙路被誉为“西南第一商业街”，在全国也排到了第三位，仅次于香港的铜锣湾和上海的南京路。

哇，好想去看看。

乐小诗

陈老师

走吧，我们就去逛逛春熙路，聊聊与它有关的故事吧。

【陈老师讲成都】—— 春熙路

（一）春熙路的由来

春熙路的由来要从20世纪20年代说起。

最初这个区域并没有街道，而是官衙、民居和空地，最主要的建筑就是原来清代的按察使衙门，也被称为“臬台衙门”。辛亥革命后四川的军政府不再设臬台一职，所以这个臬台衙门就逐渐荒废。后来又被人私自占用改建，显得十分混乱。

1924年，四川军阀杨森由北洋政府授权，督理四川军务，成为四川省的军政长官。杨森上任之后，为了赢得民心，树立政绩，便积极地推行市政建设，开辟公园，兴办学校，提倡体育，修建马路。而修建春熙路就成为这一时期的重要事情。杨森决定要在这里修建成都当时最宽敞的一条街道，用以连接最繁华的商业街东大街和新建的商贸娱乐中心总府街的商业场。

杨森把修路的任务交给了第一师师长兼市政督办王缵绪。王缵绪受命之后，积极筹划，从1924年5月动工，不到半年时间，一条崭新而宽敞的街道就初具规模了。

（二）取名风波

新路修成之后，取名却成了一个难题。最开始有人提议就以杨森的头衔“森威将军”为其命名为“森威路”，但遭到了很多人的反对。之后新拟定的一些路名也无法达成共识，最后大家想到了一位高人——前清举人江子虞，请他来取名。

江子虞先生国学功底深厚，诗词书法俱佳，由他来为这条新路取名最合适不过。江子虞也果然不负众望，他从《道德经》第二十章名句“众人熙熙，如享太牢，如春登台”中取出两个字，将新路命名为“春熙路”。众人都对这个名字非常满意，春熙路就因此而诞生了。

（三）孙中山铜像的秘密

春熙路上最重要的文化景观就是位于街心花园的

孙中山先生铜像。1924年春熙路刚刚修好时，在十字路口处修建了成都历史上第一个街心花园，花园中树立着一块“春熙路落成纪念碑”。两年后，杨森战败离开了成都，新的胜利者入主成都。当时正好是孙中山先生逝世两周年之际，所以决定废弃杨森修建的纪念碑，用一尊孙中山先生铜像来替代。

1928年1月23日，新铸的孙中山先生站立铜像落成，树立在原来的纪念碑处。咦，今天我们去春熙路看到的明明是孙中山先生的坐像呀，这里怎么是一尊站立铜像？

孙中山坐像　肖延章 摄

其实这里面还有一段隐情。由于当时处在军阀混战时期，负责铸造铜像的主办方竟然借机搜刮铜材，贪污腐败，最终铸造出来的铜像质量不高，一直饱受各界的批评。所以到了1943年，在新任成都市市长余中英的主持下，成都市各界发起募捐，请著名的美术家刘开渠重新创作，由四川机械股份有限公司负责铸造新的铜像。

1945年，新的孙中山先生坐像落成。他身穿长袍马褂，手握《建国大纲》，凝神深思地坐在雕饰有梅花图案的太师椅上。椅子下面有三层基座，象征着他为之奋斗一生的“民族主义、民权主义、民生主义”的三民主义。

今天的春熙路在孙中山先生精神的照耀下，在“春熙”美好的寓意里，蓬勃进取，彰显着盛世繁华，国泰民安。

繁华的春熙路　吴科 摄

街巷探秘第三站：猛追湾街

成都有很多地名都会让人浮想联翩，比如“猛追湾”会让你产生怎样的联想呢？

我想想啊，猛追，猛追，难道这里曾经是运动场？

不对，不过这里确实发生过非常著名的追击事件。

您快讲讲吧。

那好，我们就来说说与猛追湾有关的故事吧。

【陈老师讲成都】—— 猛追湾街

猛追湾的得名与张献忠有关。

相传，张献忠的军队向东边撤出成都时，大慈寺的武僧就在后面猛追，一直追到府河的拐弯处，才追上了张献忠的军队并交手。成都的老百姓为了纪念大慈寺武僧的英勇行为，就把府河从向东转为向南的这个拐弯处称为“猛追湾”。

“猛追”的第二种说法是，过去水位落差大，当府河流经此处时，从东西走向猛然转为南北走向，水流会自然加速，形成后浪追前浪的态势。

猛追湾在历史上还有一个特别奇怪的名字，叫“母猪湾”。关于这个名字的来历，有人说可能和农家养猪有关，也有人说和“猛追湾”的谐音有关，还有人猜测这里曾经发生过与母猪有关的故事，甚至编出了一个活灵活现的传说来：

相传以前这猛追湾边住着一对母子，儿子种菜务农，母亲养鸡喂猪。

有一天，儿子一大早进城卖菜去了，老夫人就把家里养的那头母猪赶到河边敞放。这时来了一个道士，仔细地打量了那头母猪后问道：“这位老夫人，这头母猪你肯卖吗？”老夫人回答说：“这头母猪我已经喂了三年了，能吃能跑，就是不下崽，你愿意买，我当然乐意卖。”道士马上摸出银两，一边数钱给老夫人，一边说：“还要麻烦你帮我喂一些日子，七七四十九天后，你不要喂猪，让它饿一天，到了那天晚上我自有安排。”

道士走后，老夫人纳闷起来：“道士买不下崽的母猪有啥用呢？”儿子从城里回来后，听母亲讲起道士买猪的事，也感到有点古怪。没过几天，道士果然又来到猛追湾边看敞放的母猪，老夫人刚想询问，道士就先伸出右手指向河湾，神秘地说：“老夫人，你看这河湾有一个回水沱，漩涡下有一口金钟，那是我道观的宝物，被妖怪偷来丢到回水沱里去了，要想捞起来，就得靠母猪的功夫！”

转眼七七四十九天到了，儿子见母猪饿得心慌，就在天黑前拌了猪食，让母猪吃饱喝足，想着让母猪有劲斗妖怪。晚上，道士如期而至。只见他一挥拂尘，口中念念有词，然后拍打了一下母猪，母猪就劲头十足地沿着河湾往回水沱跑去，跳进漩涡中……

顷刻间，母猪浮出水面，瞬间又沉入水中，反反复复一段时间后，母猪没了动静。道士慌了，忙问：“老夫人，你可照我说的饿了母猪一天？”儿子抢着回答："天黑前我看母猪饿得可怜，就喂饱了它。""哎呀！"道士长叹了一口气，正色道，"你的好心坏了我的大事啊。母猪吃饱了，哪还有心思跟水妖斗法呢！这不，它被妖怪害死啦。"

因为这个故事，人们就把这里称为母猪湾。

如今的猛追湾早已没有了战场的痕迹，丰富的娱乐设施和现代化的城市景观让这里充满了活力。静静流淌的府河水，高高耸立的电视塔，连接着古今，传承着属于这座城市的难忘记忆。

如今的猛追湾　赵靖影 摄

街巷探秘第四站：天涯石街

乐小诗，你还记得我们前面讲到的故事里，有一块从天上来的石头叫什么吗？

我想想，对了，是张骞带回来的支矶石。

其实在成都市区还有一块来自天外的奇石叫天涯石，今天我们就去天涯石街看看这块传说中的奇石。

好啊，好啊。

【陈老师讲成都】—— 天涯石街

天涯石街的得名是因为这里有一块被视为神物的天涯石。其实，神石不止这一块。明代著名史学家谈迁在《枣林杂俎》记载："成都有天涯、海角二石，天涯石在中兴寺。故老传言，人坐其上则脚肿不能行，至今人不敢践履。海角石在罗城内西北隅角，高三尺，有庙，今不存。”你瞧，这天涯石还有个伙伴叫海角石。不过那块海角石没有这么幸运，宋代时就已经在战火中被砸碎用作抛石机的弹药了。

这块被视为神物的天涯石以前长期保存在天涯石北街80号民宅中，近年间文化部门在天涯石南街的天涯石小学外面建立了专门的小亭进行保护，并供游人观赏。它静静地立在玻璃制成的保护框里，似乎在无声地讲述着它神秘的过往。

有研究者对天涯石进行了实测，这块石头高213厘米，上宽48厘米，下宽105厘米，厚27厘米。整体上是一块粗红砂石，外表风化得厉害，早已老态嶙峋。它真的是一位天外来客吗？其实它是属于古蜀时期大石文化的珍贵遗物。

古蜀大石文化是指古代蜀地，尤其是成都平原存在的特殊文化现象，这种文化以对大石的崇拜为核心，体现在众多遗留至今的石质遗迹中。比如支矶石、石笋、天涯石等，它们不仅代表了古蜀人民对于自然力量的敬畏，也是其宗教信仰和社会结构的一种体现。

这种大石崇拜可以追溯到新石器时代至青铜器时代，与古蜀国的历史紧密相连。古蜀人认为石头具有神圣的力量，能够连接天地、沟通人神，因此对特定的大石进行崇拜。这种崇拜可能源自对祖先的记忆，以及对生活环境的依赖与尊重，特别是在水资源丰富的成都平原，大石常被视为保护水源、镇压水患的象征。

古蜀国还有“每王薨，辄立大石”的传统，即每当蜀王去世，就会树立一块大石作为墓志，如石笋被认为是这一传统的体现。这些大石没有文字记载，但它们的存在本身成为一种纪念和权力的象征，随着时间的推移，围绕这些大石产生了诸多民间传说和神话故事。

所以这块充满神秘意味的天涯石并不是来自天外的陨石，而是地地道道的蜀地大石。它讲述的也不是天外的故事，而是这片大地上曾经有过的厚重历史。

天涯石街老建筑　　陈先敏 摄

街巷探秘第五站：黉门街、国学巷

陈老师

来，考考你，“黉门街”这个地名怎么读？

乐小诗

黄门街？

陈老师

读错了，“黉”字和红色的“红”字同音，所以读作黉（hóng）门街。你猜一猜“黉门”在古时候是指什么地方？

乐小诗

是医院吗？因为我知道华西医院就在这条街的旁边。

陈老师

又错了，“黉”在古时候是指官方创办的学校，所以黉门就是学校大门。在实施科举考试制度的古代，考中了秀才的考生就会被称为“身入黉门，天子门生”。

这里为什么会叫作黉门街？
有哪些著名的学校在这里呢？

乐小诗

陈老师

想知道这背后的故事，我们一起去黉门街、国学巷看看吧。

【陈老师讲成都】—— 黉门街、国学巷

今天黉门街、国学巷旁最著名的学校当然是四川大学华西医学中心，而在历史上这里还诞生过一座富有传奇色彩的学校——存古学堂。

无论黉门街还是国学巷，它们的名字都来源于这所存古学堂。

存古学堂的来历很有戏剧性。学堂原址本是一座花园别墅，别墅主人地位显赫，是清朝名将杨遇春。杨遇春以勇猛善战、谋略过人著称，参与平定了多次重大的叛乱。因为战功卓著，他被朝廷封为“昭勇侯”，告老还川后受领了这座朝廷嘉奖的别墅府邸。

杨遇春去世后，清光绪二十八年（1902），清政

府开始废科举，兴学校，在全国通令兴办存古学堂。1907年，晚清名臣张之洞在武昌创办的存古学堂声名大起。因为张之洞在担任四川学政期间，曾经创办过尊经书院，对四川影响很大，所以当时的四川总督锡良决定效仿张之洞在成都创立存古学堂。

存古学堂于1910年开办，承袭尊经书院的制度，校址就选择在国学巷杨遇春别墅。杨遇春的后人把别墅捐给了政府用以办学。后来存古学堂又先后更名为国学馆、四川国学学校，最终于1918年定名为四川省立国学专门学校。国学巷便因此得名。

1928年，四川省立国学专门学校并入四川大学，为四川大学文学院前身。今天这所学堂的旧址上矗立着锦城外国语学校，延续着文脉传承的使命。

黉门街的名字和存古学堂有直接的联系。因为存古学堂所招收的学生大多是废除科举前各县的秀才，有很多秀才在这条小街上出入，秀才又有“身入黉门，天子门生”的说法，所以人们就把这条原本没有名字的小街命名为“黉门街”。

黉门街的南边还有一条黉门后街，过去也叫弟维后街，因为位于弟维小学的后方而得名。“弟维”是音译，我们更熟悉的另一种译法是“杜威”。杜威是世界著名的教育家，这所学校就是以杜威的教育理念来办学，所以取名“弟维小学”。这所有着百余年历史的学校，在校名上也经历了一段曲折的历程。从1915年弟维小学创办起，先后改名为成都市小天竺街小学、成都市望江区第二中小学、成都市东城区第五中心小学、成都市红专西路小学，终于在2019年它迎回了最初的名字——成都市弟维小学。这既是学校百年历史的传承，也是教育返璞归真的新生。

当你来到黉门街和国学巷时，别光顾着感叹华西医院的人潮，去那些朴实的街巷里走一走，瞧一瞧吧。

街巷探秘第六站：三多里、长顺街

我想问问您，成都这么多街道名称里，谁的名字最美？

乐小诗

陈老师

这要从两个方面来看，一是名字听上去很好听，二是名字的含义很吉利。你问的是哪种美呀？

那您给我讲讲含义美好的街道名称吧。

乐小诗

陈老师

其实成都市里名字含义美好的街巷还挺多的，今天我带你去逛一逛其中很有代表性的两条街：三多里、长顺街。

【陈老师讲成都】—— 三多里、长顺街

（一）小小的三多里

我们先来说说三多里。三多里最大的特点就是小，这条小巷真的太袖珍了，打开地图不仔细看，你甚至都很难发现它。但这小小的三多里却有着丰富的历史内涵。

三多里位于顺城大街的东侧，市青少年宫的北侧。这里原本并没有街道。抗战时期日本人时不时会轰炸成都，为了躲避战火，方便撤离，人们临时拆出了一条逃生的小巷，取名“火巷子”。抗战结束后，这条小巷被保留了下来，并被正式命名为“三多里”。

“三多里”这个名字出自《庄子·天地》中的典故“华封三祝”。唐尧是远古时期的明君，被人们誉为圣人。他在华州巡游时，华州的封人向他送上了三个祝福：祝他长寿、富有、子孙繁多。后来这“三多”就成了中国传统文化中的常用祝福语。人们希望这条小巷能够如它的历史一般，总能给大家送去福气，逢凶化吉，遇难成祥。

（二）长长的长顺街

长顺街最大的特点就是长，全长达到约1700米。因为长，所以又被分为长顺上街、长顺中街和长顺下街。

长顺街在清代是一条重要但没有名字的街道。在清代，成都市区偏西部修建了满城，中间有一条中轴线式的主要通道，在它的两边再分出许多条胡同。当时有人把满城的街巷分布形象地比喻成一条蜈蚣。将军衙门就像是蜈蚣的头，这条通道就像蜈蚣的身躯，两边的许多条胡同就像蜈蚣的很多条脚。

因为满城的每条胡同都是分配给八旗官兵及其家属的用房，所以都有各自的名字，唯独中间的这条主要通道是公用的，故而一直没有命名。民国时期满城被拆除，这条主要通道也终于迎来了自己的名字。最初人们给它起名通顺街，取“长久通顺”之意，可是因为城北早已有了正通顺街与东通顺街，为了不致重复，又改名叫长顺街，仍然包含着长久通顺的美好寓意。

因为在长顺街所处的满城区域生活的主要是喜欢吃牛肉的满蒙同胞，受到这种饮食文化的浸染，一道风靡全国的四川名菜“夫妻肺片”就在这里诞生了。肺片本应写作“废片”，原材料是牛身上的下脚料牛头皮和牛肚。把这些牛身上的下脚料用五香卤水煮好以后切成薄片，再拌上麻辣鲜香的调料供人购买食用。最开始“夫妻肺片”只是在街边摆摊售卖，后来因为滋味绝佳，声名渐起，才发展成了一间小店。再后来这间小店发展成了一家远近闻名的餐馆，“夫妻肺片”更是登上了北京人民大会堂的国宴菜单。这么看来，长顺街的吉祥含义也许真能给人带来祝福与运气呢！

《锦城旧事竹枝词》专门描绘了“夫妻肺片”：“开店渊源卓马风，唱随举案利攸同。君试牛刀妾司味，拌和佳材莫忘葱。”读了这首诗后，你想不想去品尝一番呢？

街巷探秘第七站：祠堂街

乐小诗，昨晚休息得怎么样？

嗯？为什么会问这个问题？

因为我们今天要去的这条街道，恐怕算得上成都文化内容最丰富、最多元的地方，需要饱满的精神呀！

没问题！是哪条街呀？

它叫“祠堂街”，我们出发吧。

【陈老师讲成都】——祠堂街

祠堂街位于清代满城东南方的受福门内，旧名“喇嘛胡同”。清康熙五十七年（1718），满城旗人为了表达对当时的权臣年羹尧的尊崇，为他建立了一座生祠，并把这条胡同改名为“祠堂街”。虽然这座生祠在年羹尧获罪被处决后就被拆毁，改建为关帝庙，但祠堂街的叫法却一直沿用至今。

（一）

这里可能是成都市曾经最有文化气息的地方。在斑驳的梧桐树影掩映下，静谧优雅的小街上人文荟萃。巅峰时期，这里几乎汇聚了全成都七成的书店。当时全国著名的生活书店、开明书店、商务印书馆、中华书局、广益书局等在内的很多书店都把分店开在了这里。成都本土的著名书店也积极参与，其中尤其值得注目的是革命烈士车耀先创办的专门出售进步图书的“我们的书店”。

据不完全统计，从七七事变到新中国成立前，开设在祠堂街的各种书店达到183家，所以人们也把祠堂街称为“新文化街”。《锦城旧事竹枝词》中有这样的描写：“琳琅满目读书香，不逛公园逛店堂。开架任君随意取，一卷忘饥坐中央。”可谓形神皆妙。

（二）

这里可能是成都市曾经最有艺术气息的地方。1941年，由蜀艺社、蓉社、成都美术协会合并而成的四川美术协会在祠堂街上的少城公园成立。在四川美术协会的协调组织下，张大千、徐悲鸿、吴作人、傅抱石、潘天寿、黄君璧、关山月等一大批著名美术家的画作相继在这里展出。张大千先生的画展甚至前后举办了六次。除此之外，著名雕塑家刘开渠的作品——孙中山先生铜像、无名英雄铜像也是在四川美术协会的大力协助下创作完成。这一时期是成都现代美术创作最活跃的时期之一，而祠堂街就是这份活力的源头与根基。

（三）

这里可能是成都市曾经红色记忆最多的地方。1938年4月，中国共产党在国民党统治区唯一被允许公开发行的报纸《新华日报》的成都代订处就设在祠堂街103号（后来改为88号，即今祠堂街38号），一直到1947年3月才撤离。中国共产党在这里坚持战斗了8年，其艰辛和意义可想而知。如今《新华日报》成都代订处旧址已成为很多人追寻瞻仰的革命纪念地。

由革命先烈车耀先创办的餐厅——努力餐在1933年从三桥南路迁到了祠堂街137号，以经营四川风味大众菜肴为特色。车耀先在这里以经商为掩护，秘密从事革命工作。努力餐也成为中共四川省委的秘密联络点。车耀先还在这里创办救亡刊物，宣传抗日，传播革命，直至1946年被捕慷慨就义。

而辛亥秋保路死事纪念碑更是祠堂街片区最重要、最著名的文物。这座为纪念在保路运动中牺牲的烈士而修建的纪念碑，高31.85米，巍峨雄伟，庄严肃穆，1988年被公布为全国重点文物保护单位。

（四）

这里可能是成都市曾经最好玩的地方。在祠堂街南侧有一块成都市中心最大的绿色景区，它就是全省最早修建的公园——人民公园。人民公园原本叫少城公园，1911年驻防成都的将军玉昆决定开放满城，把一片空地开辟为公园，通过贩卖门票、经营餐饮等方式解决旗人的生计问题。

过去很多新鲜的事物都是在少城公园中率先登场，比如动物园、喷水池等。当年的少城公园还是全成都体育场地、体育设施、体育赛事最多的地方，被称为“体育公园”，那个时代的很多体育明星都在这里一展风采，大显身手。

到了1950年，少城公园正式更名为人民公园。这里有成都最负盛名的茶馆之一——“鹤鸣茶社”，你可以临湖观柳，品茗散忧。

直至今天，人民公园还是成都市民最喜爱的休闲娱乐胜地之一。

成都祠堂街　陈先敏 摄

祠堂街一共保存了六栋百年建筑，是成都市中心文保建筑和历史建筑最集中的区域之一。这条不到300米的祠堂街，不仅见证了成都的历史变迁，也传承着这座城市的文化脉络。漫步其间，恍如看到一幅历史的书卷正为你徐徐展开……

街巷探秘第八站：方正街

陈老师

乐小诗，成都有一条街叫“方正街”，你猜猜它为什么叫这个名字？

乐小诗

我猜是因为这条街道方方正正的？

陈老师

嘿，难道别的街道修得歪歪扭扭？

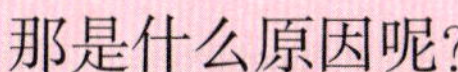

乐小诗

那是什么原因呢？

陈老师

因为这条街道里曾经住过一位著名人物，还发生了一件千古大案。

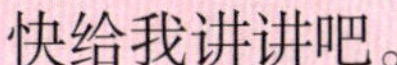

乐小诗

快给我讲讲吧。

陈老师

不急，我们要先回到明朝的时候……

【陈老师讲成都】—— 方正街

在红星路一段的西侧，有一条方正东街，在方正东街的西边就是方正街。这两条街的得名并不是因为街道修得方方正正，而是为了纪念明代大学者方孝孺。

方孝孺是浙江宁海人，明代著名学者，自幼聪慧，勤奋好学。成年后师从名师宋濂，以文章、学问闻名，有“天下读书种子”的美誉。年轻时就受到了明太祖朱元璋的赏识，被召为汉中教授。

从前的方正街　张光宇 摄

身处成都的蜀王朱椿听说了方孝孺的贤名，特地将他请到成都王府之中，担任自己儿子的老师，并专门为他修建了一座名叫“正学”的书斋，表达对他的敬重。从此，方孝孺就有了“正学先生”的雅号。

明惠宗朱允炆继位后，征召方孝孺为翰林侍讲，第二年又升他为侍讲学士，每有困惑疑难都会向他请教，遇到国家大事也会向他询问。方孝孺由此成为明惠帝最重要的谋臣之一。后来燕王朱棣发动“靖难之役”，夺取皇位。南京沦陷后，方孝孺被俘获。因为考虑到方孝孺在读书人心中的巨大声望，朱棣希望他能为自己起草登基诏书，以获得士人阶层的支持。

然而，方孝孺忠于明惠宗朱允炆，拒绝为朱棣效力，甚至在被押到朝庭后，当众痛哭怒骂，痛斥朱棣篡位的行为，誓死不从。暴怒的朱棣将方孝孺凌迟处死，连方孝孺的兄弟、妻子、儿女，甚至门生都被牵连杀害，这就是历史上著名的“诛十族”事件。

朱棣死后，他儿子明仁宗一即位就着手对方孝孺等被害者进行昭雪。到了明神宗时期，又正式将与方孝孺一案有牵连者全部平反，并在南京修建了表忠祠，对建文朝的忠臣予以褒扬、记录并祭祀，而方孝孺就排在这份名单的第二位。同时，成都官民在蜀王府的授意之下，也将方孝孺曾经在成都时所居住的街道改名为方正街，以纪念这位被称为“正学先生”的方孝孺。“方正”二字就是从方孝孺与正学先生中而来。

有趣的是，清朝末年，另一位名人差点儿从方孝孺手中抢走了这条街的署名权。怎么回事儿呢？原来，方正街上由官方修建了一座丁公祠，用来祭祀曾经担任四川总督的丁宝桢，所以这条街曾改名为丁公祠街。可是由于不到二十年时间，清王朝就被推翻，丁公祠也被废除了，所以方正街的名字得以保全。

这位丁宝桢总督还有一件让成都人民不能忘记的事情：那道名满天下的经典川菜——宫保鸡丁，据说就是由他家中的厨师创制而成的。

街巷探秘第九站：宽窄巷子

陈老师

乐小诗，你觉得现在外地人来到成都最爱去参观的是哪条街道？

我觉得是宽窄巷子。

乐小诗

陈老师

你的依据是什么？

因为根据我的观察，无论晴天，还是雨天，无论宽巷子，还是窄巷子，都是人山人海的样子。

乐小诗

陈老师

哟，你这是在写诗嘛。没错，宽窄巷子几乎是成都现在最火的街巷。为什么它能这么火？我们就去找找这背后的秘密。

【陈老师讲成都】—— 宽窄巷子

宽窄巷子位于成都市青羊区长顺街附近，由宽巷子、窄巷子和井巷子平行排列组成。它是成都最具代表性、最富文化韵味的旅游景点之一，与大慈寺、文殊院一起并称为成都三大历史文化名城保护街区。

宽窄巷子游人如织　周裕君 摄

（一）宽窄巷子的前生

康熙五十七年（1718），在平定了准噶尔之乱后，为了巩固对西南地区的统治，年羹尧在当时少城的基础上修筑了满城，专门用来驻扎八旗官兵。宽窄巷子便因此而诞生。只是那会儿还不叫现在的名字，宽巷子叫兴仁胡同，窄巷子叫太平胡同，井巷子叫如意胡同。

（二）宽窄巷子改名的传说

到了民国初年，当时的城市管理者要求把成都市区的“胡同”改为“巷子”。于是满城里的诸多胡同都迎来了改名大潮，宽窄巷子也在这一拨改名的序列之中。只是和其他胡同改名追求有寓意、有内涵相比，宽窄巷子的名字改得就有点儿过于随意了。这是怎么回事儿呢？有这样一种有趣的说法：1948年，在一次城市勘测中，当时的一位工作人员在度量完成之后，便随手在测绘图纸上将宽一点的巷子标注为“宽巷子”，窄一点的标注为“窄巷子”，有井的那一条就写了个“井巷子”。结果没想到，最终成为这三条巷子的正式名称。

（三）宽窄巷子美在哪儿

宽窄巷子的美主要体现在房屋建筑上。宽窄巷子原有70多座院落、300多间房间，在满城中并不起眼，但历史给了它一份额外的厚爱。在民国期间和新中国成立后，满城的很多旧建筑遭到了占用或拆除，唯有宽窄巷子街区没有遭到过大拆大改，直到改革开放后仍然保存着旧有的风貌，使清代至民国时期的建筑风格完整地保留了下来，兼具川西民居与北方四合院的特点。宽窄巷子成为老成都“千年少城”城市格局和百年原真建筑格局的最后遗存，也是北方胡同文化和建筑风格在南方的“孤本”。

虽然是相邻的三条巷子，但在游览时也会有不一样的体验，比如：

宽巷子代表了老成都的“闲生活”，这里保留了许多清末民初的建筑，如四合院、老茶馆、传统手工艺店等，游客可以在这里品茶、听戏，体验老成都的生活节奏。

窄巷子更多地展现了成都的“慢生活”，街道两旁遍布着精致的咖啡馆、艺术画廊、创意店铺等，是现代文化与传统风情交融的地方，适合悠闲漫步，感受成都的文艺气息。

相比宽巷子和窄巷子，井巷子更侧重于展示成都的历史文化，这里的墙体上有一幅长达五百米的“砖文化墙”，通过浮雕艺术展现成都的历史变迁、民俗风情和生活场景，是了解成都历史文化的绝佳途径。

怎么样，了解完宽窄巷子的丰富内涵后，你是不是也想去亲自感受一番呢？

街巷探秘第十站：十二桥路

陈老师

“青山隐隐水迢迢，秋尽江南草未凋……”

“二十四桥明月夜，玉人何处教吹箫。”

乐小诗

陈老师

知道我为什么背诵杜牧这首《寄扬州韩绰判官》吗？

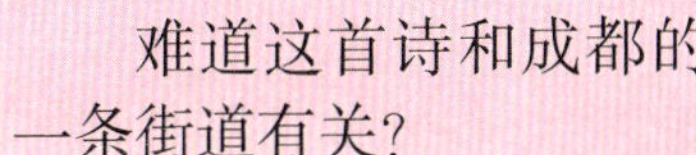

难道这首诗和成都的一条街道有关？

乐小诗

陈老师

聪明！今天我们要讲的这条街道就和扬州的二十四桥有关系，因为那里也有一座桥，叫十二桥。走吧，去十二桥路讲讲那里的故事吧。

【陈老师讲成都】—— 十二桥路

在通惠门路西面的西郊河上曾有一座平桥，那就是成都人都很熟悉的十二桥。清王朝被推翻以后，为了方便城内的居民逛花会，政府在紧邻青羊宫的西城墙处新开了一道城门，取名通惠门。通惠门建成后，为了方便通行，就在西郊河上新修了一座廊桥，著名的学者宋育仁为它取名为十二桥。

据说这个桥名的来历很有些诗情画意：宋育仁来到这座新建的木桥上，脚下水声淙淙，放眼望去，木桥的两侧栏杆是十二格的，桥的两边是葱绿的菜地与苍翠的树林，远处是广阔的田野风光。他想起杜牧的名诗“青山隐隐水迢迢，秋尽江南草未凋。二十四桥明月夜，玉人何处教吹箫”的意境，心中诗意翻滚，自忖道：这番美景至少可以平分扬州二十四桥明月风光的一半吧，于是就将这座桥命名为十二桥。

有了这个美丽的开始之后，十二桥又经历了几次重要的重建。20世纪40年代时，桥身由廊桥改建为了砖拱桥，还曾经改名为晋康桥（为了纪念扩建西安路的主事者邓锡侯）。新中国成立以后，又先后在1954年与1966年进行了两次扩建，变身为钢筋混凝土的公路桥，但是桥名仍然沿用了充满诗意的十二桥。1983年最后一次改建后，十二桥成为一座罕见的宽度远远超过长度的桥梁（现在的十二桥长度为23.48米，宽度达到47米），显得格外雄伟壮观。

十二桥留给成都的不仅仅是诗意，还有一段令人悲伤的记忆。1949年，中国正处于历史转折点，全国大部分地区已经解放，但成都尚未解放。1949年12月7日，在成都即将迎来解放的前夕，国民党特务在逃跑前制造了一起惨案，他们将关押在成都将军衙门内的30多位共产党人、进步人士和爱国青年学生强行带到十二桥附近废弃的防空壕中残忍杀害。这些烈士中包括了多位共产党干部、民主同盟成员、学生领袖等，他们为国家的解放事业献出了宝贵的生命。

1950年1月19日，成都的民众在王维舟将军的主持下为烈士们举行了公祭典礼。第二天又在十二桥附近的二仙庵花圃内举行了公葬仪式，并在此修建了十二桥烈士墓。如今烈士墓已经改建为十二桥烈士陵园，陵园中塑有高达11.5米的十二桥死难烈士纪念碑，以缅怀先烈的英雄事迹。这座烈士陵园不仅是对历史的铭记，也是对革命先烈精神的传承。这里也成为成都市进行爱国主义教育的重要基地。

十二桥留给成都的还有历史的惊喜。在十二桥路

纪念十二桥死难烈士　余茂智 摄

南边的成都文物考古研究所大院内，埋藏着全国著名的十二桥商代建筑遗址，总面积估计在一万平方米以上，已经发掘的建筑面积有1200平方米，具有极为重要的考古价值和学术价值。由于发现时间较早，具有典型性，所以考古工作者把四川盆地内商代晚期到西周时期古蜀文化遗存命名为十二桥文化。这就是后来发掘规模更大，文物更多、更精美的金沙遗址也有相当部分时间段的文化被纳入了十二桥文化的原因。

这座既古老又年轻，让人欢喜又让人忧伤的十二桥，值得我们好好品读，慢慢回味。

第四部分 古迹览胜

导语

“九天开出一成都，万户千门入画图。”山川秀丽、人文丰厚的成都，把悠久的历史、锦绣的文章、蜀人的智慧，凝结成那一处处古朴而灿烂的巴蜀名胜。走进其间，你仿佛穿越历史长河，见证夺目的瞬间。

在这一部分中，我们将走进成都的十大名胜古迹，去体会古人的骄傲，去感受心灵的震撼。

古迹览胜第一站：摩诃池

陈老师

如果我说，古代成都人可以在市区里“看海”，你信吗？

乐小诗

不信，成都是内陆城市，根本没有海。

陈老师

如果一个湖泊大得像海一样，不就相当于看海了吗？

但是成都真有这么大的湖泊吗？

有啊，它叫摩诃池。在一千多年前，它大得像海洋一样。

【陈老师讲成都】——摩诃池

摩诃池是古代成都面积最大、存在时间最长的人工湖泊。

它有多大呢？水利专家陈渭忠在《摩诃池的兴与废》一文中称："摩诃池始成初期，面积约500亩。"如果这个说法是准确的，那么刚修成的摩诃池就足足有47个足球场那么大。到了后蜀孟昶时期，摩诃池的水域面积再次得到扩展，根据考古发现，后蜀时期的摩诃池竟有1000余亩。"摩诃"本是梵语，就是巨大的意思，用"摩诃"来命名这个水池，足以看出它给世人带来的震撼。

这么巨大的摩诃池是怎么形成的呢？摩诃池始建

于隋朝开皇二年（582），当时隋文帝的第四子杨秀被封为蜀王，驻守成都。杨秀胆气豪壮，容貌雄伟，来到成都后便觉得旧城规模过小，决定扩建成都子城，于是就地取土建城。随着子城的建设，挖土之地便形成了一个偌大的人工湖。

唐朝中期，成都的城市水利得到全面发展。唐德宗贞元元年（785），节度使韦皋开凿解玉溪，并与摩诃池连通；唐宣宗大中七年（853），节度使白敏中又开凿金水河（禁河）汇入摩诃池，为摩诃池注入了充足水源与盎然生机。至此，摩诃池成为成都城最美的地方。水域宽广，碧波荡漾，不管是文人雅士还是市井百姓，都向往泛舟湖上，一览春光。唐朝西川节度使高骈写道："画舸轻桡柳色新，摩诃池上醉青春。""诗圣"杜甫也在池边写出"坐触鸳鸯起，巢倾翡翠低"的名句。最热烈的赞语当属陆游，他直接用"摩诃古池苑，一过一销魂"来表达自己的心声。

然而最爱摩诃池的却是一位才女——后蜀皇帝孟昶的妃子花蕊夫人。从前蜀皇帝王建开始，摩诃池被纳入宫苑，成了皇家的私域。到了后蜀皇帝孟昶时，池上建起了奢华无比的水晶宫殿，楠木作柱，沉香为梁，珊瑚雕花，绿玉作窗。盛夏时节，宫人还别出心裁地用龙骨水车把池水引到宫殿顶上，再洒落下来，用以降温。花蕊夫人的生活几乎总与这摩诃池相伴。她所留存下来的一百多首《宫词》诗中，多是在描绘摩诃池环绕的后蜀宫殿、亭榭楼台、花草树木和四季的风光。“三面宫城尽夹墙，苑中池水白茫茫”“嫩荷花里摇船去，一阵香风逐水来”“长似江南好风景，画船来去碧波中”“展得绿波宽似海，水心楼殿胜蓬莱”……幸好有花蕊夫人的诗在，让我们这些无缘目睹摩诃池胜景的后人，也可以在文字中感受那份壮阔又细致的美丽。

摩诃池的衰亡是从宋朝开始的。后蜀灭亡之后，摩诃池失去了皇家池苑的地位，无人管理，水域日渐缩小，后来又经历了三次人工回填。明洪武十八年（1385），蜀王朱椿将大半个摩诃池填平，在后蜀宫殿旧址修建蜀王府。清康熙四年（1665），蜀王府的废墟上又兴建起贡院，只有西北边角上仍残留少量摩诃池水面。摩诃池最终消亡于1914年，它被全部填平变成了演武场。那份曾经荡漾了千年的波心，终在此刻湮灭，失去了所有的余音。

令人欣慰的是，现今成都市政府在东华门遗址公园内重建了摩诃池，虽然开放的第一期仅仅只有60余亩的面积，但碧波重现，柳色更新。在鸟语花香的盛景下，摩诃池或许终将迎来自己的新生。

古迹览胜第二站：永陵王建墓

陈老师

今天我们要去永陵，你猜猜这是个什么地方？

这个我知道，“陵”可以指皇帝的陵墓，所以我们是要去参观皇帝的陵墓吧。

乐小诗

陈老师

说得很正确，但今天我们要去的这座皇帝陵墓和其他的皇帝陵墓都不一样。

啊？这么神奇吗？我想去看看。

乐小诗

陈老师

走吧，我们就去永陵看看这位前蜀皇帝王建的墓。

【陈老师讲成都】—— 永陵王建墓

（一）王建是谁？

王建（847—918），字光图，许州舞阳（今河南舞阳）人，是前蜀的开国皇帝。

王建于唐末加入忠武军，成为忠武八都的都将之一。因救护唐僖宗有功，成为神策军将领。后被排挤出朝，任利州刺史，此后不断发展势力，逐渐壮大。文德元年（888），王建投奔成都，为陈敬瑄所阻，于是开始攻打西川。历经三年苦战，王建夺下西川，被封为西川节度使。此后，王建接连降服或击败武泰节度使王建肇、东川节度使顾彦晖、武定节度使拓跋思敬，占有两川、三峡，取得山南西道。天复三年（903），王建被唐昭宗封为蜀王，成为当时最大的割据势力。天祐四年（907），唐朝灭亡，王建因不服后梁而自立为帝，国号大蜀，史称“前蜀”。王建在位十二年，庙号高祖，谥号神武圣文孝德明惠皇帝，葬于永陵。

（二）王建墓的发现

历史上关于王建墓最翔实的记载，出自陆游。陆游在游览永陵后写了首《后陵》诗，并对此诗有一段注释：“（后陵）一作厚陵，永庆院在大西门外不及一里，盖王建墓也。有二石幢，犹当时物。又有太后墓，琢人为石马，甚伟。”从中我们可以知道，南宋时王建墓在大西门外，与皇后墓相邻，但具体的位置却并不清楚。

王建墓的发现充满了戏剧性。在三洞桥以北的地方，多年来一直有一个圆形的小土丘，虽然高度只有15米，直径也只有80米，但在一马平川的成都平原上也显得非常突出。当地人长期把它误传为司马相如的抚琴台，所以这周边的区域被统称为抚琴小区，连王建墓所在那条街道以前也叫抚琴西路。

1940年的秋天，为了躲避日军的轰炸，天成铁路局的员工在“抚琴台”一带挖掘防空洞。挖开土丘时才意外发现里面是坚固的石砌墓墙，原来这里是一处古代陵墓。因为条件有限，考古学家冯汉骥请求当局暂时将其封闭，待四川博物馆成立以后，于1942年9月开始正式发掘，王建墓终于揭开神秘面纱，在世人面前露出了它的真容。

王建墓　　黄文志 摄

（三）王建墓的特点

作为一座古代帝王的陵墓，王建墓显得是那样与众不同。

首先它是已知的全国唯一一座建于地面的帝王陵墓。别的帝王都生怕自己的陵墓被发现、被盗掘，不仅将其埋在深深的地下，还往往依托坚固的山体作为屏障。最著名的要数曹操了，相传他建了整整七十二处疑冢，以防被盗。而王建可好，直接将陵墓修在地面上，既自信又大方。当然据分析，王建这么修陵墓可能是因为成都水位高，修在地下会有水患的忧虑。

其次，王建墓中还有一尊非常逼真的王建坐像。石像高86厘米，专家推测是按照王建生前的模样进行创作的。仔细观察会发现，王建石像是由一整块石头雕刻而成的，整体线条十分简洁，但又不失对细节的把控，不管是整体的锦袍，还是腰间的玉带，甚至是头巾和皮靴，都经过了精心的雕琢。王建石像与部分传统石像那种呆板的模式俨然不同，它既有威严之气，又有亲切之感，说它是王建的“照片”也一点都不为过。

这尊石像是中国历史上第一件“真实”的帝王石像。它不像别的帝王石像，没有切实的史料可以证明，身份真假难辨。王建石像在历史文献资料中有明确记载，这尊石像如何选材、如何雕造、如何运到永陵，全都有翔实的记录，所以说王建石像是目前现存的唯一一件描绘帝王真实面貌的石像。

小朋友们，你们有没有感受到永陵王建墓的特别之处呀？

古迹览胜第三站：杜甫草堂

陈老师

乐小诗，今天我要讲的这个地方，你一定会非常喜爱。

乐小诗

我想想，我的爱好……对了，一定和诗人有关，我知道啦，是杜甫草堂！

陈老师

你真是越来越厉害了，这都能猜对。那你知道什么时候去杜甫草堂最好吗？

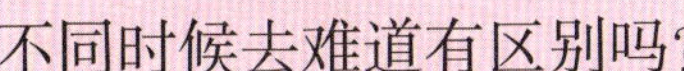

不同时候去难道有区别吗？

乐小诗

陈老师

当然有，这就是今天的知识点了，一年中有一天是去杜甫草堂最好的时间。

【陈老师讲成都】—— 杜甫草堂

在中国人的心中，如果唐诗有一片圣地的话，我想大多数人都会选择成都的杜甫草堂。

如果杜甫没有来成都，西郊的茅屋依然在，八月的秋风依然号叫，浣花溪水依然静静流淌，但没有人会赋予它们留在后人心中的那道文字的灵魂。成都拯救了落魄潦倒的杜甫，而杜甫也造就了诗歌圣地的成都。这是一种多么美妙的双向奔赴。

杜甫草堂位于四川省成都市青羊区，毗邻浣花溪，是中国唐代大诗人杜甫流寓成都时的故居。杜甫先后在此居住近四年，创作240余首诗歌。

唐肃宗乾元二年（759）冬天，杜甫为躲避安史之乱，携家带口辗转来到成都。唐肃宗乾元三年（760）春，杜甫在友人的帮助下，在成都西郊风景如画的浣花溪畔修建茅屋居住。

杜甫草堂占地面积近300亩，完整保留着明弘治十三年（1500）和清嘉庆十六年（1811）修葺扩建时的建筑格局。照壁、正门、大廨、诗史堂、柴门、工部祠排列在一条中轴线上，两旁配以对称的回廊与其他附属建筑。草堂内珍藏有各类资料3万余册，1955

草堂春季风光　　袁博 摄

年成立杜甫纪念馆，1985年更名为成都杜甫草堂博物馆。

（一）从哪儿进草堂

杜甫草堂有四个大门，北门最宽敞，南门停车最方便，所以游客们往往都会从这两个门进入草堂。但如果你不图方便，图地道，想寻找正确的参观路线的话，那就要从西门进入。那里有一面古老的照壁，还有两个让你坚定选择信心的大字“正门”。为什么这个看起来更小、更偏、更冷清的西门才是正门呢？那是因为一千多年前杜甫家的门就是这个朝向。所以你会发现，整个杜甫草堂的重要景点都在西门正对的这条中轴线上。如果天气条件刚好合适，你顺着西门放

眼望去，甚至能看到杜甫笔下“窗含西岭千秋雪”的景象。

（二）什么时候游览草堂最佳

一年有四季，四季不同样。但如果要说哪一天游览杜甫草堂最佳的话，那就非正月初七莫属了。正月初七是人日节，每一年的人日节杜甫草堂都会举行盛大的纪念活动。朗读、背诵、写诗、歌舞……人们用丰富多彩的方式纪念杜甫，赞美“诗圣”。那为什么是人日这一天呢？

首先，“人日”本身就是一个值得纪念的日子。西汉东方朔《占书》中记录了一个造人造畜的传说，并排出了其生日：正月初一是鸡日，初二是狗日，初

西岭雪山　　杨志刚 摄

三是猪日，初四是羊日，初五是牛日，初六是马日，初七是人日。所以古时候每到正月初七这一天，民间就会有相关的庆祝活动。

而成都人民在人日纪念杜甫是源于两位名人的故事。第一位是高适，杜甫来到成都适逢正月，好友高适在人日这一天为他寄来了诗歌《人日寄杜二拾遗》:“人日题诗寄草堂，遥怜故人思故乡。柳条弄色不忍见，梅花满枝空断肠……”诗歌情真意切，感人至深。九年后，当杜甫漂泊湘江，重读此诗时，不禁泪流满面，此时的高适已经去世五年了。杜甫无法释怀，写下一首《追酬故高蜀州人日见寄》:“自蒙蜀州人日作，不意清诗久零落。今晨散帙眼忽开，迸泪幽吟事如昨……”字字含泪，声声如泣。这份伟大的情谊感动了所有人，从那时起，人日游草堂的活动便开始出现。

第二位名人是清代著名的学者、书法家何绍基。何绍基曾任四川学政，清咸丰四年（1854），他在外地主考竣事返回成都后，特意居住在草堂附近构思，等到人日这一天到草堂题写了著名的对联“锦水春风公占却，草堂人日我归来”，书文俱佳，传为佳话。这更是大大促进了人日游草堂活动的蓬勃发展。

（三）谁拯救了草堂

公元765年，严武去世，失去唯一依靠的杜甫只得携家带口告别成都，两年后经三峡流落荆、湘等地。杜甫离开成都后，草堂便倾毁不存。今天我们能看到完整的草堂，最应该感谢的是五代诗人韦庄。

韦庄距离杜甫生活的时代只有一百多年，他是第一个重修草堂的人。《唐才子传》中有清楚的记载：“韦庄初来成都，寻得杜少陵所居浣花溪故址，虽芜没已久，而柱砥犹存，遂重作草堂而居焉。”杜甫草堂得以保存，凭这一点，韦庄便值得青史留名。

准备好了吗，来年人日去草堂，感受成都最热烈的诗歌文化氛围吧！

古迹览胜第四站：望江楼

陈老师

先有薛涛井，后有望江楼。你知道望江楼望的是哪条江吗？

这还不简单，在成都能望见的江一定是锦江。

乐小诗

陈老师

你对成都越来越熟悉了。我们在前面讲过“薛涛制笺”的故事，今天我们就去探访历史古迹——望江楼。

【陈老师讲成都】—— 望江楼

望江楼，又名崇丽阁，位于成都市武侯区望江路30号望江楼公园内，距锦江西岸约10米。崇丽阁始建于清光绪十二年（1886），建成于光绪十五年（1889），楼名取自晋代大文学家左思《蜀都赋》“既丽且崇，实号成都”中“崇、丽”二字。百年来，崇丽阁以雄浑华丽著称，成为成都的标志性建筑。

该楼为全木穿榫结构，石砌基座，总高27.9米，上下共四层，一、二层四方四角，三、四层八方八角。占地面积166平方米，楼台长、宽各14.6米，楼底层平面长、宽各6.1米。斗拱彩绘，鎏金宝顶，底层阁廊宽敞，每方皆有四柱，四周为石栏。阁内有梯，可通顶楼，基座圆柱上刻有清代戏曲。每层屋面均铺设琉璃瓦，光彩华贵。在四角转为八角的交接处，处理得浑然一体，自上而下，层层内收，结构精巧。

自崇丽阁建成以来，成都人几乎从来不把它叫作“崇丽阁”，而是叫作“望江楼”。这种俗称之所以广为流行，是因为有一种见诸记载而且流传很广的说法：相传崇丽阁建成之时，四川总督刘秉璋在此大宴宾客，以资庆祝。酒酣耳热之际，刘秉璋出了一个上联求对，即“望江楼，望江流，望江楼上望江流，江流千古，江楼千古”。没想到的是这个用七个字重叠使用而构成的上联难住了所有人，直到酒宴结束也没人能对出下联。后来成都很多读书人都加入了这场创作下联的接力赛，然而上百年过去了，如今阁内二楼依然只有上联独悬。而望江楼这个名字也就随着上联而广为流传，从而代替了崇丽阁的本名。

其实历史上还是有人对出了颇为工整的下联。比

望江楼公园　　袁博 摄

如，《古今名胜对联选注》记载：20世纪30年代，什邡人李吉玉在县城北边的珠市坝散步，偶然间目光突然被一个写着“印月井”的指示牌所吸引。顺着指示牌往前走，果然看到了一口古井。从井口望下去，井水清冽，一轮月影正好印在水面。那一刻李吉玉触景生情，灵光一闪，想到了一个下联：印月井，印月影，印月井中印月影，月影万年，月井万年。你觉得这个对联怎么样呢？或许望江楼还在等待着更加让人心动的下联吧。

望江楼的底层还挂有清末四川江津才子钟云舫撰写的一副212字的长联。这副长联是钟云舫在狱中所作，才情磅礴，文思精巧，比当时国内著名的长联孙髯翁的“昆明大观楼联”还多了32字，值得一观。

望江楼所在的望江楼公园，除了崇丽阁外，还包括吟诗楼、浣笺亭、五云仙馆等建筑，共同构成了一个古建筑群，是纪念薛涛及传承巴蜀文化的重要场所。公园内种植有大量珍稀竹类，享有“竹的公园”美誉，与望江楼的古朴典雅相得益彰，吸引着众多文人墨客和游人前来游览、凭吊。

这样有颜值又有内涵的望江楼公园，会是你心中的成都荣耀吗？

古迹览胜第五站：桂湖公园

陈老师

今天我带你逛公园。

乐小诗

太好了，哪个公园？

陈老师

它叫桂湖公园。这个公园里可有一位了不得的人物的纪念地。

乐小诗

有多厉害？

陈老师

他呀，当过状元，被誉为明朝三大才子之首，他的作品还被《三国演义》选作了开篇词。

乐小诗

你这么说我就知道了，他是杨慎，又名杨升庵，对吧？

陈老师

果然一提三国你就来劲儿。走吧，我们去新都桂湖公园拜访杨升庵。

【陈老师讲成都】—— 桂湖公园

古代出一个状元有多难？明朝接近三百年，四川只出了一个状元，他就是杨慎。他的才情出众到被后人誉为“大明第一才子”。我们熟悉他，很大程度上是源于那首被选作《三国演义》开篇词的《临江仙·滚滚长江东逝水》：“滚滚长江东逝水，浪花淘尽英雄。是非成败转头空，青山依旧在，几度夕阳红。白发渔樵江渚上，惯看秋月春风。一壶浊酒喜相逢，古今多少事，都付笑谈中。”

其实这首词根本不是为《三国演义》写的。杨慎自己创作了一个系列作品叫《廿一史弹词》，从盘古开天地一直写到了元朝灭亡。他在每一段历史的开始处会写上一首词，作为总评，这首《临江仙》就是杨慎用来评价秦朝和汉朝的。没想到一百多年后，毛宗岗把它用作其批评本《三国演义》的开篇词。实际上杨慎为三国历史也写了一首《西江月》：“道德三皇五帝，功名夏后商周。英雄五霸闹春秋，秦汉兴亡过手。青史几行名姓，北邙无数荒丘。前人田地后人收，说甚龙争虎斗。”同样精彩非凡。好玩的是这首《西江月》又被明朝另一位文学家冯梦龙放在了《东周列国志》的开篇，用来概括上古时代到先秦时期。你看杨慎的作品就是这么受欢迎。

在新都区桂湖公园中，有一座历史悠久的杨升庵祠。在这里你能一睹杨慎精彩而跌宕的一生。杨慎是新都人，他的故居就在桂湖公园旁的状元街上。杨慎的家世相当显赫。父亲杨廷和十二岁中举人，十九岁中进士，一路做到了首辅大臣的位子。杨家一门七进士，连杨慎的妻子黄峨也是蜀中四大才女之一。杨慎没有丢家族的脸，青出于蓝而胜于蓝，二十四岁时一举夺得了状元。

其实，杨慎在二十一岁那年就有望冲击状元，却因意外名落孙山。史书记载，杨慎二十一岁入京参加会试，发挥非常出色，已被考官列为卷首，然而造化弄人，烛火意外地烧残了杨慎的试卷。按照科举规则，杨慎直接落了榜。好在真金不怕火炼，三年后杨慎卷土重来，夺得状元。

父亲是首辅，自己是状元，按理说杨慎的仕途应该一帆风顺，飞黄腾达，可没想到更大的变数还在后面等着他。杨慎三十六岁时，卷入了一场轰动朝野的“大礼议”事件。因为触怒明世宗，父亲杨廷和被罢官归乡，而杨慎在经历两次廷杖之刑后被流放云南戍边，直至终老。

桂湖公园　　陈先敏 摄

杨慎没有被命运击倒，来到云南后坚忍而又充实地度过了一段漫长的时光。他走遍了云南的山山水水，用笔下的文字、心中的热情，赞美这美好的河山。长久的戍边生涯给了他充足的时间，他潜心学术，不断钻研，在文学、历史、哲学、艺术等各个领域都做出了重要的贡献和积极的拓展。他给云南百姓最大的贡献是，每到一处就开设学堂，广招学生，不分贵贱，讲课授徒，把自己燃烧成文明的火把照亮了当时蛮荒的云南。“开云南之教化，变云南之民风”，可以说杨慎用一己之力，把云南的文化提升到了一个前所未有的高度。云南人民感念这位杨状元的好，把他与观音菩萨、蜀汉丞相诸葛亮一并祭祀，世代相传。

杨慎七十二岁时终老在了戍边的寓所之中，他的妻子黄峨亲赴云南把他迎回新都，葬在了家乡的土地上。这位阔别故乡数十年之久，深爱天下至死不休的大明第一才子终于走完了他精彩而坎坷的一生，然而属于他的传奇故事，还在文字中蔓延，还在山水间流传。

古迹览胜第六站：青羊宫

陈老师

乐小诗，你见过最奇怪的动物是什么？

乐小诗

我可以说书上读到的动物吗？

陈老师

可以。

乐小诗

那就是《封神演义》中姜子牙的坐骑“四不像”。

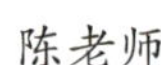

陈老师

今天让你开开眼界，我要带你去看一种“十二不像”的动物。

乐小诗

真有这样的动物吗？

陈老师

走吧，去青羊宫，一睹为快。

【陈老师讲成都】—— 青羊宫

在成都一环路西二段有一座久负盛名的道教圣地，被称为“川西第一道观”“西南第一丛林”，它就是青羊宫。

青羊宫“道法自然”影壁　严云斌 摄

青羊宫名字的来历，悠久而神秘。青羊宫始建于周朝，原名叫“青羊肆”，青羊宫的第一次改名和著名的道家创始人老子有关。西汉扬雄在《蜀王本纪》中讲了一个简单而玄妙的故事，后人加以丰富和补充，成了青羊肆改名青羊观的缘由：

老子云游天下，想要西出函谷关，被函谷关的关令尹喜拦了下来。尹喜请求老子先把自己的学问、思想著书立说，然后再出关云游。老子答应了尹喜的要求，在关上停留了七天，写下了五千字的《道德经》。分别的时候，尹喜依依不舍。老子便对尹喜说："一千天后，你到成都青羊肆来找我吧。"尹喜牢记老子的嘱托，一千天后他来到了成都，找到了青羊肆这个地方。老子也如约而至，并且显现法相，端坐莲台。

因为这个传说故事，据说汉朝时人们就在这里修建了青羊观。《道藏辑要》记载的另一种说法是，道教创始人张道陵在青羊肆创立道教传道之地，后来将其改名为青羊观。

到了晚唐僖宗时期，青羊观迎来了第二次改名。中和元年（881），唐僖宗为了躲避黄巢起义的战火，来到了成都，在青羊观中驻营。后来黄巢兵败，唐僖宗得以回到长安。感念于道教三清祖师的恩典，唐僖宗特下诏令，赐钱二百万，扩建殿堂，并改青羊观为青羊宫。

青羊宫现有殿宇、房舍建筑面积约4800平方米，建筑整齐，其主体建筑共分六重，都构建在一条中轴线上。主要建筑有山门、混元殿、八卦亭、三清殿、斗姥殿、紫金台、降生台和说法台等。

青羊宫里最有趣的文物就是镇馆之宝之一的单角青羊。这尊单角青羊铜像是雍正元年（1723）四川遂宁籍大学士张鹏翮所捐赠。它的造型十分独特，包含了十二生肖的特征：鼠耳、牛鼻、虎爪、兔背、龙角、蛇尾、马嘴、羊须、猴颈、鸡眼、狗腹和猪臀。铜像底座上还有捐赠者张鹏翮大学士的题诗："京师市上得铜羊，移往成都古道场。出关尹喜似相识，寻到华阳乐未央。"充满了传说的神秘和文字的乐趣。

青羊宫中最神奇的传说在八卦亭。八卦亭造型优美，雕刻精致而壮观。尤其是外檐石柱上的八条飞龙，气势雄浑，栩栩如生，是罕见的石雕艺术珍品。可是如果你仔细观察，会发现正对三清殿的那根龙柱上有一个依稀可辨的拳头印。这是怎么回事儿呢？传说当年八卦亭将要竣工的前一晚的子时，正对三清殿的石柱盘龙居然复活了，它张牙舞爪，就想腾云而去，恰在这时，被值班的神仙月御值日使者发现了。神仙使者一记神拳把那条捣乱的龙定在了柱子上，使它再也不敢造次。所以，你如果来到八卦亭，可别错过了这个有趣的小细节哟。

青羊宫最有价值的文物是晚清时期所刻《道藏辑要》经版，共一万三千余块，皆以梨木雕成，每块双面雕刻，版面清楚，字迹工整，是中国道教典籍保存最完整的版本，是极为珍贵的道教历史文物。

青羊宫外也热闹非凡。这里曾经是成都花会和灯会的主要举办地。陆游曾写诗赞美这里的梅花花会："当年走马锦城西，曾为梅花醉似泥。二十里中香不断，青羊宫到浣花溪。"而从1962年开始，由政府举办的灯会也选择在青羊宫和相邻的二仙庵中举行，连周恩来总理都参加过1964年的灯会。

这就是青羊宫，一个由内而外散发着迷人魅力的名胜古迹，是你打卡成都的必选之地。

古迹览胜第七站：文殊院

陈老师

游完道家的青羊宫，今天我们去看看佛家的文殊院。

乐小诗

文殊是什么意思呀？

陈老师

文殊是梵语，含义是妙吉祥。文殊菩萨是佛教四大菩萨之一，象征的是智慧。

乐小诗

那我可要去好好看看，我想多一点儿智慧呢。

【陈老师讲成都】—— 文殊院

文殊院是成都地区较早的佛寺之一，相传始建于南北朝时期的南齐，初名“妙圆塔院”。另一种说法是始建于隋朝大业年间，蜀王杨秀宠妃为圣尼信相而建，称为“信相寺”。后来在“唐武宗灭佛”事件中寺院被毁，到唐宣宗时期重建。几百年后又在明朝末年的战火之中被焚毁殆尽。今天我们看到的文殊院是清康熙三十年（1691）由慈笃海月禅师主持重建的。

文殊院是成都市内保存最为完整的佛教寺庙，坐北朝南，占地面积20余万平方米，建筑为典型川西平原古建风格，主要为木构建筑。殿宇六重，进山门往里走依次是天王殿、三大士殿、大雄宝殿、说法堂、藏经楼。与东西两侧的钟楼、斋堂、廊房等建筑浑然一体，庄严肃穆，古朴宽敞，为典型的清代建筑。

文殊院秋景　袁博 摄

在文殊院的诸多藏品中，除了有康熙皇帝御笔钦赐的“空林”墨宝外，最珍贵的文物就是“空林二圣”——佛陀舍利和玄奘法师顶骨舍利。

佛陀舍利是佛教中最为珍贵的圣物。文殊院宸经楼（即藏经楼，因为有康熙皇帝御赐物品，所以改称为“宸经楼”）内就供奉有一粒佛骨舍利。据记载，20世纪20年代，蜀中大德能海法师朝礼印度菩提伽耶。当时重庆酉阳籍僧人佛金法师在菩提伽耶经管香火，佛金法师将其供养的佛骨舍利请能海法师带回了成都文殊院供奉。

而在宸经楼左侧供奉有玄奘法师顶骨舍利。玄奘法师就是我们都熟悉的小说《西游记》里的唐僧原型，唐代著名的高僧。玄奘法师在长安逝世后，他的顶骨舍利历经磨难，辗转多地，20世纪40年代在南京报恩寺被发现。因为玄奘法师在成都受戒，并且生活了五年的时光，所以最终其一部分灵骨被迎回成都，最开始供奉于大慈寺，后来于1965年移入文殊院供奉。如今存世的玄奘灵骨被分为十余份藏于多地，能供人瞻仰的只有成都文殊院和西安大慈恩寺两处。

古迹览胜第八站：金沙遗址

陈老师

诗仙李白在《蜀道难》中说，“蚕丛及鱼凫，开国何茫然。尔来四万八千岁，不与秦塞通人烟”。你相信古蜀国有四万八千年的历史吗？

我不太相信，因为李白是浪漫主义诗人，特别爱夸张。

乐小诗

陈老师

对，我们不能只相信文字，而更应该相信文物。由文物讲述的历史，才更有说服力。

我知道了，今天我们要去看文物，在哪里呢？

乐小诗

陈老师

那还用说，肯定是拥有太阳神鸟的金沙遗址博物馆。

【陈老师讲成都】—— 金沙遗址

让我们把时间拨回2001年2月8日的下午，一个震惊世界的考古发现即将在成都西郊磨底河南岸的金沙村诞生。建筑工人们正在为一个名叫蜀风花园城的楼盘做着施工的前期准备，轰鸣着的挖土机正在开挖一条深达5米的壕沟，以便埋设地下管道。突然，工人们惊呼："土里有东西！"人们循声望去，一批古老的玉器、青铜器和象牙的碎片在掘开的土层中暴露了出来。

成都市文物考古工作队和公安武警迅速赶到了现场，这个重要的古遗址得到了及时的保护。随着考古工作的推进，一件件国宝级文物出土，一片片建筑基址区、宗教祭祀活动区、居址区、墓地出现，这个令世人期待已久、寻找多年的古代蜀国都邑遗址终于出现在我们的面前。

从三星堆遗址在1929年被发现之后，数十年的时间里考古工作者都在疑惑着一件事情：三星堆文明衰落之后，古蜀文明的都城到底去了哪里？这个答案一直等到了金沙遗址被发现的这一天。这个确认面积约5平方公里的金沙古蜀文化遗址，用宏大的规模、繁荣的文明，以及与三星堆文化紧密的传承关系，给了世人无比坚定的回答：古蜀都邑，就在这里。

今天遗址上已经建成了成都金沙遗址博物馆，属于国家一级博物馆，位于四川省成都市青羊区金沙遗址路2号，占地面积30万平方米，总建筑面积约40000平方米，由遗迹馆、陈列馆、文物保护与修复中心、园林区和金沙剧场等部分组成。

在金沙遗址出土的众多精美文物中，最吸引我们目光的便是它的镇馆之宝——太阳神鸟金饰，其发现过程扣人心弦。2001年2月25日，对于金沙遗址是一个不平凡的日子，一个被泥土包裹，仅有10厘米左右的小金团引起了考古工作者的注意。细致的考古

太阳神鸟是金沙遗址的标志　赵满恩 摄

人员用竹片和刷子小心翼翼地把这个小金团与泥土剥离开来，发现里面是已经被揉成一团的金器，在阳光下特别耀眼。经过细致而谨慎的修复，这片薄薄的、绝美的太阳神鸟金饰重获新生，震惊世人。

太阳神鸟金饰外径12.53厘米，内径5.29厘米，厚度仅有0.02厘米，是金沙遗址所有出土金器中含金量最高的一件文物。它形状为圆形，图案分为内外两层，都采用了镂空的表现形式。内层等距分布有十二条顺时针旋转的齿状光芒，像一个旋转不停的太阳；外层图案则由四只相同的逆时针振翅飞行的鸟组成。整个图案线条简练流畅，极富韵律，充满强烈的动感，生动地再现了远古人类“金乌负日”的神话传说故事，给人无尽的视觉冲击和想象空间。

2005年8月，太阳神鸟金饰图案被国家文物局公布为中国文化遗产标志。同年10月，太阳神鸟蜀绣制品搭乘“神舟六号”载人飞船遨游太空并成功返回地球，实现了中国古人的飞天梦想。

除了太阳神鸟金饰之外，金沙遗址博物馆中还有国家一级文物366件（套），二级文物374件（套），三级文物1429件（套），每一件文物似乎都在为你讲述着同一句话语：那个久远的古蜀文明值得你为它骄傲，值得你把它传承。

古迹览胜第九站：望丛祠

陈老师，我有个问题向您请教：三星堆文明之后是金沙文明，金沙文明之后又是什么呢？

乐小诗

陈老师

想知道这个问题的答案，那就跟我去一个重要的古迹吧。

这个古迹在哪里？

乐小诗

陈老师

稍稍有点远，在郫都区，它叫望丛祠。

【陈老师讲成都】——望丛祠

根据《蜀王本纪》和《华阳国志》的记载，古蜀文明经历了五个氏族的统治，分别是：蚕丛、柏灌、鱼凫、杜宇和开明。三星堆文明和金沙文明大致对应的是从蚕丛到鱼凫的时代，而望丛祠里，讲述的就是杜宇和开明的故事。

望丛祠位于成都市郫都区西南部，距成都市中心23公里，是为了纪念蜀王望帝杜宇和他的继任人丛帝开明而修建的祀祠，是中国西南地区唯一的一祠祭二主、规模最大的帝王陵冢。

望帝杜宇被蜀人奉为农神。他教民务农，在蜀地首创了按农事季节耕作的制度，使成都平原成为沃野千里的粮仓，深得古蜀人民的爱戴。然而为什么深得民心的望帝杜宇失去了他的王位，而从楚地而来的外乡人开明却成功地当上了蜀王呢？这就要提到一个著名的典故——望帝化鹃。

巴蜀开明时期，古蜀国国王鳖灵在天台山“登高祭天”　颜林 摄

相传望帝统治蜀国的晚期，成都平原洪水泛滥。望帝长于农耕，却对治理水患束手无策。有一年，忽然从河里逆流漂来一具男尸。人们见了感到十分惊奇，因为河流上的东西总是顺流而下，怎么这具尸体却是逆流而上？好事者便把这具尸体打捞上来。更令人吃惊的是，尸体刚一打捞上来，便复活了。他开口讲话，称自己是楚国人，名叫鳖灵，因失足落水，从家乡一直漂到这里。望帝知道这个消息后，便叫人把他叫来相见。两人一见如故，望帝觉得鳖灵是个难得的人才，便任命他为蜀国的宰相，治理蜀国的水患。

鳖灵长期在楚地生活，深识水性，他根据成都的地形特点，因势利导，在龙泉山脉凿出了一个峡口，把淤积的洪水排了出去，从而治理好了水患。另一个说法是，鳖灵还是历史上第一个劈开玉垒山，凿出宝瓶口的人，把水患变成了水利，为都江堰水利工程奠定了基础。所以不管怎么说，鳖灵完美地完成了望帝杜宇的任务，拯救了古蜀国的人民。望帝自愿把王位禅让给了鳖灵，鳖灵接受了禅让，号称“开明帝”，又叫“丛帝”。

望帝将王位传给丛帝后，自己则去西山隐居。开始的时候丛帝很能干，处处为百姓着想，蜀地的人都很爱戴他。但是后来他却变得越来越骄傲，不再关心百姓的疾苦，百姓都怨声载道，望帝知道后心里也很着急。

望帝决定进宫去劝诫丛帝。因为他深得百姓爱戴，所以人们也自发地跟随在他身后。结果丛帝看见望帝带这么多人来，担心他是来夺取王位的，就下令紧闭城门。望帝见不到丛帝，回到西山后无比懊恼，陷入深深的自责中，最终就病死了。死后，他变成了一只鹃鸟，飞进宫里绕着丛帝的宫殿大声地叫着：“民贵啊，民贵啊！”丛帝听到鹃鸟凄惨的叫声，感到很惭愧，他幡然醒悟，决定改正错误。

这只鹃鸟又来到田野上不停地叫着：“布谷！布谷！”催促百姓耕田种地，不要误了农时。百姓们知道鹃鸟是望帝变的，就把它叫作“杜鹃”。杜鹃不分昼夜地啼叫，嘴巴都出血了，它流出的血滴在地上，地上就生出了一丛丛的小花，人们就将这种花叫作“杜鹃花”。

这个故事在古时候很有名，大诗人李商隐就曾在《锦瑟》诗中写道，“庄生晓梦迷蝴蝶，望帝春心托杜鹃”，借用“望帝化鹃”的故事表达自己真挚深沉的情感。

丛帝开明对成都有一个特别重大的贡献，那就是他把都城从望帝时期的郫县迁到了我们今天的成都，并开始在成都筑城。可以说丛帝开明是成都城真正意义上的第一位开辟者，开明王朝也是古蜀国历史最后终结的见证者。到了开明十二世，古蜀国被秦国灭亡，从蚕丛、柏灌一路走来，绵延两千多年的古蜀历史在那一刻被画上了休止符。

望帝祠与丛帝祠原本是分开的，后来在南北朝齐明帝时合为一处，并保持至今，已历经一千五百余年的沧桑岁月。望丛祠现有望、丛二帝纪念馆，鳖灵湖，东西赛歌台，望、丛二帝陵墓，文物陈列馆，子规园，听鹃楼，望丛大华玉器博物馆等主要景观，是蜀人寻根问祖的圣地，亦是远近游客休闲游玩的胜地。

成都望丛祠　陈先敏 摄

古迹览胜第十站：武侯祠

今天是我们古迹览胜的最后一站，你想去哪儿？说出来，别留遗憾。

那我可就说了，我想去武—侯—祠！

哎哟，你快把我耳朵给震聋了。就知道你想去武侯祠，先通过一个小考验再去，请问武侯祠是祭祀谁的地方？

这么简单，当然是纪念诸葛亮……和刘备的地方。

厉害呀，没有上当。武侯祠是全国唯一的一个君臣合祀的祠庙，这个知识点非常重要。

好了，通过考验了，咱们快出发吧。

【陈老师讲成都】—— 武侯祠

成都是三国时期蜀汉政权的首都，众多精彩的三国故事、传奇的三国人物、独特的三国文化早已融入成都的市井生活。所以武侯祠在成都人民的心中拥有非常重要的地位。

但要想全面而正确地了解武侯祠，对成都人来说也有一些小小的困难。比如进门抬头一看，只见“汉昭烈庙”几个大字，武侯祠去哪儿了呢？别急，我们来细说一番。

刚才已经提到了，武侯祠是全国唯一的君臣合祀祠庙，所以呀，这个汉昭烈庙就是祭祀刘备的祠庙，武侯祠还在里面呢。为什么刘备的汉昭烈庙放在前面呢？第一，别人是皇帝，排顺序肯定是皇帝优先呀。第二，这里本来就是刘备的祠庙，诸葛亮的武侯祠是后来迁来的，所以按先来后到的顺序也该刘备排前面。

史书上有明明白白的记载，公元223年，刘备病逝在白帝城。诸葛亮亲自护送灵柩回到成都，把刘备葬在了今天武侯祠里的惠陵，并修建了汉昭烈庙加以祭祀。所以从那时起，这里就叫汉昭烈庙了。而武侯祠是从南北朝时期开始修建的，原来的地址虽然邻近但并不在今天这个地方。

明洪武二十四年（1391），蜀献王朱椿对武侯祠和汉昭烈庙进行了一次全面的修缮。蜀王朱椿发现武侯祠游人如织，人气旺盛，而邻近的汉昭烈庙却冷冷清清，人迹罕至，这种“尊臣不尊君”的现象让蜀王心里面很不是滋味，于是找了个“君臣宜一体”的借口，把武侯祠并入了汉昭烈庙中，不再单独保留。说实话就是想让刘备沾沾诸葛亮的光，涨涨人气。明朝末年，汉昭烈庙毁于战火，清朝康熙年间重建时，保持了“君臣合祀”的格局，但做了巧妙的改变。把刘备的汉昭烈庙和刘备殿安排在前面，门面更大，塑像雄伟，地势也更高。而诸葛亮的武侯祠被安排在后面，各方面都缩小一些，连地势上都矮了几级台阶。这样的方式既满足了统治者的尊严，也满足了人民希望武侯祠完整保留的心愿。

说到这儿，第二个问题来了，为什么诸葛亮的纪念祠堂会叫“武侯祠”呢？诸葛亮生前被封为“武乡侯”，死后又被追谥为“忠武侯”，这两个封号中都含有“武侯”二字，所以祭祀诸葛亮的祠堂都被称为“武侯祠”。

全国修建的武侯祠数量众多，但唯独成都武侯祠

武侯祠　王达军 摄

游客最多，最受重视，当然是因为这里城市氛围最浓郁，人文沉淀最丰厚，馆藏的文物也最精美绝伦。行走在武侯祠中，精彩比比皆是，学问处处有之。比如被誉为镇馆之宝的三绝碑，“三绝”指的是哪三绝？再比如被誉为武侯祠百联之首的“攻心联”，作者赵藩讲了什么故事，藏了什么深意？“五虎将”中的赵云为什么穿着文臣的衣服？惠陵中的刘备究竟是不是真身？可以说，武侯祠是一个真正可以让你一边游一边学的好地方，更是每一个三国迷提升自己的好学堂。

“丞相祠堂何处寻，锦官城外柏森森”，来吧，开启属于你的三国朝圣之旅吧！

结语

陈老师

乐小诗，四大板块，40个小专题已经结束了。你有怎样的感悟和收获呢？

乐小诗

我真正感受到了成都这座城市的魅力与风采。我们的历史传奇而悠久，我们的土地富饶而丰盈，我们的文化厚重而多元，我们的人民智慧而热情。作为一名成都的小朋友，我感到了深深的自豪和振奋，我要用自己的努力，去拥抱成都，宣传成都，让更多的人爱上成都！

陈老师

说得好，希望成都的小朋友都能不忘过往，面向未来，与我们的城市一同成长，一同精彩！

主要参考资料

陈寿著《三国志》	浙江古籍出版社2006年版
罗贯中著《三国演义》	上海古籍出版社1991年版
吴世先主编《成都城区街名通览》	成都出版社1992年版
成都市群众艺术馆编《成都掌故》	成都出版社1996年版
吴刚、谭良啸主编《楹联上的成都记忆》	成都时代出版社2015年版
袁庭栋著《成都街巷志》	四川文艺出版社2018年版